管理层能力

对企业关键决策的影响研究

崔慧洁◎著

中国经济出版社
CHINA ECONOMIC PUBLISHING HOUSE
·北京·

图书在版编目（CIP）数据

管理层能力对企业关键决策的影响研究/崔慧洁著
. --北京：中国经济出版社，2020.6（2023.8 重印）
ISBN 978-7-5136-6018-1

Ⅰ. ①管… Ⅱ. ①崔… Ⅲ. ①企业管理—经营决策—研究 Ⅳ. ①F272.3

中国版本图书馆 CIP 数据核字（2020）第 020543 号

责任编辑 牛慧珍
责任印制 马小宾
封面设计 任燕飞

出版发行 中国经济出版社
印 刷 者 北京建宏印刷有限公司
经 销 者 各地新华书店
开　　本 710mm×1000mm 1/16
印　　张 13.5
字　　数 190 千字
版　　次 2020 年 6 月第 1 版
印　　次 2023 年 8 月第 2 次
定　　价 68.00 元
广告经营许可证 京西工商广字第 8179 号

中国经济出版社 **网址** www.economyph.com **社址** 北京市东城区安定门外大街 58 号 **邮编** 100011
本版图书如存在印装质量问题，请与本社销售中心联系调换（联系电话：010-57512564）

本专著得到“中央高校基本科研业务费专项资金（北京外国语大学青年创新团队项目，项目号：2019JT004）”资助。

前 言

PREFACE

随着所有权和控制权的分离与股权结构的分散化，公司治理问题逐渐浮出水面。世界银行前行长沃尔芬森曾说：“对世界经济而言，完善的公司治理和健全的国家治理一样需要。”尤其是2001年12月安然公司突然宣布破产，外界对公司治理的关注和探讨与日俱增，安然公司前CEO肯尼斯·莱也成为大众谴责的对象。作为安然破产案件的“男一号”，莱在2002年至2004年6月，一直处于“是否要为安然破产承担责任”的争议旋涡中，但他却未受到法律的惩罚。直到2004年7月，莱被联邦地方法院起诉，被执行偿还私人债务与应对诉讼。管理层作为公司的经营者，在企业的各项决策方面起到举足轻重的作用，而对这个群体的研究也成为近几年来研究领域的热点话题。

早期对管理层的研究多集中于委托代理理论，该理论主要着眼于管理者的动机，分析高管的个人目标与公司目标是否一致，旨在解决管理者与股东之间的利益冲突问题。这类研究认为管理者在不同公司治理机制方面存在横向区别，但基本不会考虑管理者个体的异质性问题。Hambrick 和 Mason（1984）创新性地提出了高阶理论（Upper Echelons Theory），把管理层的特征纳入对企业战略管理和组织绩效的影响中。现有研究主要集中于CEO或者其他高管的某项具体个人特质，例如董事长和总经理是否两职合一、高管任期、股权激励等，但这种方式只能作为一种间接衡量管理层能力的方式，很难反映整个管理层的能力水平。Betrand 和 Schoar（2003）发现除了CEO、CFO、董事会成员等经常作为研究对象的高管外，还有很多其他类型的管理者都会对公司行为产生显著影响。2012年，Demerjian 等人在 *Management Science* 首次用数据包络分析方法（DEA）衡量公司整体的管理层能力。该方法将归属于管理层的能力与公司自身的效率有效地区分开，大大拓展了管理层能力相关研究的深度与广度。

本书主要借鉴 Demerjian 等人创建的数据包络分析方法，分析管理者在公司内部决策与外部活动之间是否均有积极的促进作用。本书主要选择了企业的并购活动作为内部决策，原因在于：企业并购在经济快速增长的今天，俨然已成为公司成长的重要途径之一。截至2017年底，全球并购活动已连续四年超过3万亿美元，众多金融领域专家学者认为，这一次并购浪潮对发达市场以及处于转轨经济与新兴市场的发展中经济而言，是机遇也是挑战。对于公司的外部活动，我们主要选取了股价崩盘风险作为研究对象，能力高的管理者可能对风险的承担能力更强，更倾向于利用高风险高收益的投资项目实现更好的收益。股价崩盘风险对于外部投资者而言是一种潜在的投资风险，历次严重的股价崩盘都会引来无数的投机者宣告破产。

本书内容主要包括6章。第1章为导论，主要介绍管理者角色的重要演变过程，根据现有证据提出研究问题，并对核心概念进行界定、对研究方法进行说明、对整体研究框架进行介绍。第2章为文献综述部分，重点针对管理层能力、企业并购的动机与绩效以及股票价格崩盘风险领域的研究进行综述。第3章、第4章为本书的核心部分，通过实证研究方法考察管理层能力对企业并购动机、目标公司选择、并购绩效以及股价崩盘风险的影响及作用。第5章为管理层能力相关知识在中国市场的初步探索。第6章为本研究的结论和展望部分。

目 录

CONTENTS

第1章

导 论

1.1 研究背景

公司制是现代市场经济发展过程中里程碑式的产物，它的形成大大克服了个人业主制企业和合伙制企业的资金约束。公司可以通过资本联合、控股、参股等形式，形成巨型公司和多级法人的母子公司，这有利于不同企业发挥不同的优势，达到利润最大化。而当历史不断解决已有问题的同时，也在不断地制造新的问题。随着公司制形态的发展，所有权和经营权的分离势在必行。Fama 和 Jensen（1983）将所有权定义为剩余索取权，指的是所有者对企业剩余的财富具有索取权；而经营权指的是受雇于公司所有者的管理者，代替其对企业进行日常管理。企业管理者的思想往往可以直接干预企业的发展方向。两者的高度分离，导致管理者在企业中能否发挥较好的领导作用，成为当今社会备受关注的热点问题。早期亚当·斯密经典的经济理论认为市场中“看不见的手”可以自动调节企业中出现的各种问题，使所有资源达到优化配置，而后期的行为理论则强调了“人的行为”对公司各项决策的影响。自 2001 年秋天以来，美国曝出了一系列财务丑闻：安然、房利美、世通、阿德菲亚传播公司等大型公司均被发现存在财务欺诈及债务诉讼官司。大多数研究表明在这些丑闻中，公司的高管是主要的诱导因素，然而这些公司的管理者个人在事后并未承受明显的损失和惩罚（Burk，2010），这使得学术界一直在讨论管理者的行为究竟会对公司的发展造成怎样的影响，应当如何约束高管的利益攫取动机。

关于管理者在企业中扮演的角色，管理学领域形成了两大主流理论：

①委托代理理论（Agency Theory）。该理论以最基本的企业所有权与经营权的分离为出发点，认为高管的私人动机决定了高管的个人目标与公司目标会有不一致的情况，旨在研究管理者与股东之间的利益冲突问题。这类研究多着眼于不同公司治理机制带来的横向区别，基本不会考虑管理者个体能力对公司活动的影响，即假设管理者是同质的（Jensen 和 Meckling，1976）。②由资源基础理论发展形成的租金产生理论（Rent Generation Hypothesis）。该理论的核心观点是企业具有各种有形或无形的资源，这些资源可以转化为公司的价值，但它们在不同企业之间是不易流动且难以复制的，因此这些独特的资源与能力是企业保持持久竞争优势的源泉。许多管理学领域学者从资源基础理论角度分析，认为管理层能力可以被视为公司宝贵的投入资源，优秀的管理层能力在帮助企业提升自身竞争优势的同时，也可以源源不断地为管理者自身创造利益和价值。换言之，管理者能力较高时，股东利益最大化的决策也会使得管理者自身的利益达到最优水平，因此基于该理论，管理者与股东之间主要的问题并非利益冲突问题，研究应聚焦于个体管理者能力的差异对公司表现的影响（Castanias 和 Helfat，1991；Castanias 和 Helfat，2001）。目前，现有的研究普遍关注 CEO 或者其他管理者某项具体的个人特征，例如董事长和总经理是否两职合一、高管任期、政治背景、工作经历等。但这些方式只能作为一种间接衡量管理层能力的方式。Betrand 和 Schoar（2003）、Demerjian 等（2012）等文献均指明管理层能力是不可观测的，利用管理者的个人特征代表其能力，存在很大的问题，即这些指标不仅包含了管理层的能力，还包含了一定的企业层面特有的因素，并且学者很难进一步区分哪部分归功于企业、哪部分归功于管理者，具体表现为：在一些公司中管理者特质优良但公司表现却平平。管理者能力与公司表现的矛盾现象给实证结果带来很大的干扰，因而近几年很多研究学者在不断寻求更准确的衡量管理层能力的指标。

首先，大量学者从管理者个人特质角度出发，构建管理层能力指标。例如，Hayes 和 Schaefer（1999）、Bertrand 和 Schoar（2003）通过分析离职高管确定管理能力，或一些学者用广义指标反映管理层能力，如历史异常表现，媒体关注度和 CEO 或 CFO 的薪酬、任期或教育背景等个人特征（Fee 和 Hadlock，2003；Rajgopal 等，2006；Milbourn，2003；Tervio，2008）。

其次，目前一些研究致力于利用文本分析，研究管理者的行为对公司的影响。例如，薛爽等（2010）、蒋艳辉和冯楚建（2014）、谢德仁和林乐（2015）等均从年报、管理层讨论与分析（MD&A）、业绩说明会等报告中找寻切入点进行文本分析。但目前的文本分析仍然存在很多不足。第一，词组列表的选择具有模糊性，例如传统的计算机程序执行仅仅依靠编辑明确的指令。如一句话里有“疯狂”这个词语，程序就会把这句话归类为负面情绪。但是，如果是“爱得疯狂”，那这句话表达的则是强烈的正面情绪。传统程序的判断和事实截然相反。第二，文本分析的结构化存在一定的问题。在进行文本分析时，研究者会自行界定词组的可读性或者语气的性质，这种标准设定的灵活性不高。

在 2012 年，Demerjian 等（2012）借助管理科学领域的数据包络分析（DEA），利用最优化求解，创建接受度和适用度更高的管理层能力指标，这种指标能够有效地扩大研究的样本量。数据包络分析是运筹学、管理科学与数理经济学交叉研究的一个新领域，它根据多项投入指标和多项产出指标，利用线性规划的方法进行有效性评价，目前广泛应用于不同行业及部门。数据包络分析下创建的管理层能力指标使得学者能够以管理者为公司带来的产出效率为基准衡量其能力的高低，这打破了基于管理者的输入情况对管理层能力进行评价的旧体系。综上所述，本书旨在利用 Demerjian 创建的管理层能力指标深入分析基于数据包络分析创建的管理层能力指标是否能够更好地诠释管理者在公司决策和日常经营活动中扮演的角色。

1.2 研究内容

管理层是企业的战略决策主体，所以准确地度量公司日常运营表现中归因于管理者能力的部分变得十分必要。管理层能力是管理层团队对公司的整合管理能力，包括管理层中全部个体的学识、专业技能以及经验积累。在美国等市场机制完善的国家，管理层是制定公司决策的核心力量，在公司各项经营、筹资、融资决策中发挥着至关重要的作用。在研究领域，美国问题的研究一般被认为是领域的先导，在此情形下，结合中国特殊的体制与市场环境对相关问题进行分析成为流行趋势。

基于这一思路，本书的研究框架图如1-1所示。

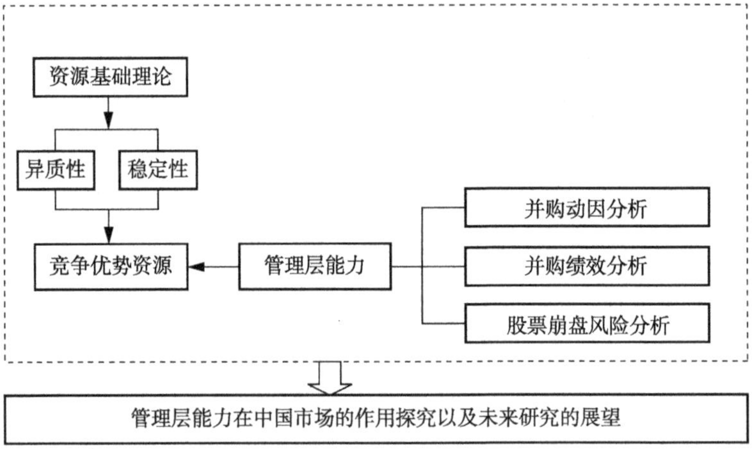

图1-1　本书框架图

1.3　研究创新

本书的创新主要体现在以下几个方面：

第一，有助于丰富管理层能力与企业决策和日常经营方面的文献。管理层是公司中非常重要的且极具影响力的核心人物，管理者自身的能力对公司的各项活动甚至整个企业文化都有重大的影响。较早的文献主要从“委托代理”角度出发，分析高管与股东之间的利益矛盾对公司活动的影响。但委托代理理论在分析高管行为时，并未考虑人与人之间的行为差异，即忽略了高管人群的异质性。近期文献较多以“高层梯队理论”为基础，研究高管的某项个人特质，如年龄、性别、婚姻状况、生活经历、教育背景、宗教信仰等，并以个人层面特点为出发点，分析其对公司各项活动的影响。而本书则从管理学领域经典的有效契约观出发，分析管理能力优秀的管理层相较于管理能力薄弱的管理层在企业的各项活动表现中的差异，即出色的高管团队是否能更好地利用其各项知识技能，发挥显著的优势。

第二，从新的角度探讨管理层能力对并购活动的影响，大大改善了以往研究中样本局限性的问题。以往研究管理者与企业并购绩效的文献多集中于 CEO 或者其他管理者的某项具体特征。这只能作为一种间接衡量管理层能力的方式，因为个体特征很难代表整个管理层的能力水平——个体指标经常以 CEO、CFO 等为研究对象，但在实际日常经营中，很多其他类型的管理者也会对公司行为产生显著影响。同时由于数据可取性的限制，样本数量不能涵盖所有的美国上市公司。更重要的是，常用的一些高管衡量指标均存在不足——这些指标不仅包含了管理层的能力，还包含了一定的企业层面的自身效率，而且很难对两者的区别进行清晰的界定与深入的辨析。本书将主要利用较新颖的数据包络分析法（DEA）来研究管理层能力。

第三，丰富了企业并购的动因及其经济后果领域的文章。尽管国外发达国家经历了多次并购浪潮，但学者对并购的研究依然没有停止。现有文献对并购绩效仍未得出一致的结论，并购绩效之谜依然困扰着诸多学者。多数实证结果表明并购活动中被收购方能够从并购活动中赚取额外收益，但收购方的并购绩效整体呈现下降趋势。本研究试图从新的角度——管理层能力出发，为企业并购的动机及收购方的绩效提供新的证据。

第四，为股价崩盘领域的研究提供了新的证据。股价崩盘风险是国内外公司财务领域近年来的热点话题，大量学者对此进行了广泛而深入的研究，但是以管理层个体能力为切入点的研究偏少。而且现有研究对管理层能力的探索多集中于高能力管理者对公司经营活动或决策的作用，鲜有文献将管理层能力与股票市场的活动联结在一起。本书研究发现出色的管理层能力虽然对企业的各项决策具有积极的影响，但同时也会增加公司股票的崩盘风险。此结论拓展了股价崩盘风险影响因素的研究。

1.4 章节安排

本书主要包含6章内容，具体安排如下：

第1章为导论。本章将首先介绍企业高管在公司中扮演的重要角色，并据此提出本研究的主要研究内容与整体框架；其次阐述本研究的理论意义以及创新性。

第2章为文献综述。在本章中，首先将回顾管理层能力相关文献的研究成果；其次，分别从企业并购的决定因素和企业并购绩效两方面对企业并购文献进行总结；再次，从股价崩盘风险角度，论述现有文献的成果；最后，在现有文献的基础上，提出未来可能的研究机会。

第3章、第4章为本书的核心部分，利用实证分析阐述管理层能力对企业决策及股票市场的影响。在企业决策方面，主要选取企业的并购活动作为研究对象，分别研究管理层能力对企业并购决策的影响、对技术性并购的选择以及企业并购后的绩效表现。在股票市场方面，主要选取了股价崩盘风险作为研究对象，分析管理层能力对公司股票的影响及作用。

第5章为管理层能力相关知识在中国市场的初步探索。

第6章为本研究的研究结论及展望部分。首先，总结全书的主要结论；其次，提出未来的研究展望和建议。

第 2 章

文献综述

2.1 管理层能力

早期研究管理层的文章多从委托代理角度出发分析问题。委托代理理论遵循的是以“经济人”假设为核心的新古典经济学研究范式，以委托人和代理人直接的利益冲突为前提假设，同时认为委托人和代理人之间存在明显的信息不对称，并对此现象进行研究分析。Jensen（1993）最早以新古典经济理论为框架对管理者能力进行分析，认为管理者能够显著地影响企业的经营绩效。Eisenhardt（1989）在综述中提到委托代理理论主要从管理者的负面影响角度出发探索管理者对股东权益的侵蚀。但委托代理理论最大的缺陷在于其对所有的管理者一视同仁的假设，忽略其异质性，导致研究结果发生扭曲。

2.1.1 管理层更替衡量管理层能力

另一类衡量管理层能力的指标是通过追踪管理者变更的方法，用管理层变更前后公司表现的对比结果表征离职管理者的能力水平（Bamber 等，2010；Ge 等，2011）。Hayes 和 Schaefer（1999）研究发现，当公司 CEO 跳槽到其他公司时，公司股票回报率降低；相反，当公司雇用其他公司的 CEO 时，公司股票回报率显著提高。Chang 等（2010）也证明公司的业绩差异并不完全来自公司自身的影响，公司的 CEO 也会对绩效产生显著的影响。

但这种方法对样本的选取具有严格的限制，研究对象必须在样本期间内有至少一次的管理者更替，这使得该类研究的样本均比较小，是否具有代表性受到很多质疑。同时，管理者在公司经营决策中的主导地位不是一朝一夕形成的，其对公司的影响也不会随着职位的更替戛然而止，因此精准选取研究对象，即管理层更替前后的时间跨度，具有极大的挑战性。

2.1.2 管理者特质衡量管理层能力

随着心理学、行为科学、社会学与会计学科的交互融合，众多学者开始将高层管理者的背景特质引入研究中。Hambrick 和 Mason（1984）提出了“高层梯队理论”，认为高层管理者的决策行为受到其背景特征的影响。例如，Goldman（2013）将美国企业高管的政治经历作为其能力表征，发现拥有政治关联的高管能够通过影响政府采购订单的数量，进而改善企业经营状况。Hirshleifer 等（2012）的研究发现，过度自信的 CEO 往往更加关注企业的创新能力，通过增加企业的创新投资，引领企业获得更多的专利和专利引用。Milbourn（2003）、Francis 等（2008）用以往媒体对管理层的关注度来衡量管理层能力，即用报道的平均次数反映管理层能力的高低，进而分析其对公司活动的影响。

国内外不乏研究用管理者特质衡量的管理层能力与企业并购之间关系的文献，例如 Datta 等（2005）发现 CEO 的绩效薪酬能够有效地改善并购后收购方的公司绩效。Walters 等（2007）用 CEO 的任职期限表示管理层能力，实证检验发现 CEO 的任职期限对并购后收购方的长期绩效有显著的影响。Chikh 和 Filbien（2011）在附加检验中简要分析了 CEO 的一系列个人特征包括两职合一、持股比例、知识技能和关系网络与并购后长期绩效的关系，实证结果发现持股比例较高的 CEO 以及经验丰富的 CEO 会更关注投资者的市场反应，一旦市场出现负面反应，这些 CEO 会及时地调整公司的并购活动，从而保证较高的并购绩效。国内对管理层能力进行研究的文献侧重于管理者的某项具体特征或者某类管理者。例如，姜付秀等（2009）研究了管理者的自信度与企业扩张之间的关系及其对企业财务困境的影响，并初步发现管理者的过度自信对公司的扩张有显著的影响。冯根福和吴林江（2001）从股权结构、股权激励、董事长与总经理两职合一等多个角度出发分析我国上市公司的并购绩效活动。傅颀等（2014）将董事长和总经理两职合一、高管任期、股权制衡度作为衡量管理层权力的指标，研究高管薪酬变动和公司的并购行为的内在关系。李善民等（2009）在高管追求个人私利和过度自信的背景下，研究企业并购活动后的经济表现。田高良等（2013）主要以管理高层中的连锁董事为研究对象，发现并购双方的连锁董事关系会影响并购绩效。另外，很多学者将注意力集中在我国特有的关系型导向的特质对管理者能力的影响。例如，傅颀等（2014）研究了我国管理层权力在性质不同的企业的并购中的作用；陈仕华等（2015）分析了我国“准官员”国企高管在并购中所起的作用；陈仕华和卢昌崇（2013）从企业间网络视角出发，基于组织间模仿理论研究企业间高管联结对并购溢价决策行为的影响。

2.1.3 数据包络分析衡量管理层能力

股票回报率、管理层预测、历史绩效及高管特质等这些指标虽然在一定程度上能反映管理层的能力，但学者仍不能确定其是否完全等同于所有管理层能力对企业的贡献值。Bertrand 和 Schoar（2003）打破了以往的界限，扩大了高层管理者的定义范围，涵盖了除 CEO、CFO、董事长等之外的其他中高层管理者，并且对其效用进行了单独的分析，实证证据表明除了 CEO、CFO、董事长等，其他的管理者对公司包括并购在内的决策有非常显著的影响。该研究结果预示管理层能力是不可观测的，常用的一些高管衡量指标均存在一些问题——这些指标不仅包含了管理层的效率，还包含了一定的企业效率，而且在研究中很难进一步区分企业业绩变化的归因。因此 Bertrand 和 Schoar（2003）利用高管的固定效应进行相应的实证分析以弥补已有不足，但该方式仍无法避免高管更替方法存在的缺陷——研究者无法保证公司中普遍存在高管更替的现象，进而影响实证研究的样本大小。

Demerjian 等（2012）指出用高管的个人特征反映管理层能力是非常不

完善的，很多情况下，即使两家公司的 CEO 拥有相同的学历、相同的工作年限，但由于公司自身条件的约束以及自身能动性的差异，高管个人特征反映在公司绩效等方面很可能是截然不同的。因此，Demerjian 等致力于缓解管理层能力衡量过程中出现的干扰问题，采取管理科学领域较为先进的数据包络分析技术计算整个公司的效率，利用 Tobit 模型将管理层能力从企业效率中分离出来，这样能够有效地区分公司效率与管理层效率对业绩的不同影响，并且大大增加了可利用的样本量，因为只要公司有基本的财务数据便可以计算公司的管理层能力。数据包络分析广泛运用于管理科学领域的研究，其基本原理是首先根据研究问题选取输入与输出，然后利用数学优化分析确定各资源不同数量组合相对有效的生产前沿面，并将各个决策单元实际的各种资源组合投影到已确定的相对有效的生产前沿面上，最后通过比较各决策单元偏离相对有效生产前沿面的程度来评价其相对有效性。本书的实证分析借鉴了 Demerjian 等（2012）的研究方法创建衡量管理层能力的指标，将其与企业并购和股价崩盘结合在一起进行分析。

2.2 企业并购

2.2.1 企业并购的决定因素

企业并购在西方发达国家已有 100 多年的历史。近 50 年来，并购一直是热点研究话题。经历了六次并购浪潮后，并购引起学者越来越多的重视，尤其是在经济快速增长的今天，企业只有保证自身技术的创新性，才能实现经济的蓬勃发展，否则就会被快速发展的时代所淘汰。技术创新是企业家重新组织生产条件和要素，构建效能更强、效率更高和费用更低的生产经营系统、推出新产品、新工艺等一系列活动的综合过程（苏志文、吴先明，2014）。

通过对现有文献的回顾，不难发现学者的目光大多集中于对并购动机及经济后果的探索。从并购的动机来看，其过程的复杂程度使得学者难以用单一、确定的理论解释所有的并购现象。国外学者对并购动机的理论研究主要分为以下两类：一是传统的并购动因理论，主要从企业个体角度研究并购为什么发生；二是并购浪潮理论，即从并购活动与外界环境因素相结合的角度分析。

（一）传统的并购动因理论

传统的并购动因理论多从并购的协同效应出发，认为并购有助于收购企业效率的增进。例如，Servaes（1991）、Mukherjee 等（2004）认为并购有助于提高企业的管理效率；Arrow（1975）、Weston 等（2001）通过分析发现并购可以提高并购双方的经营效率；Higgins 和 Schall（1975）、Eckbo（1983）、Weston 等（2001）从财务绩效方面出发，发现并购有助于企业实现财务协同。Haleblian 等（2017）选择 1991 年至 2008 年在财富 500 强榜单中至少出现过一次的 1388 家企业，使用时间序列法研究发现声誉较好的企业会通过大量的并购行为向外部投资者传递积极的信号，从而提升公司的估值。

通常来讲，企业有两条途径实现自我成长：一是内部增长，如企业内部的研究与开发创新；二是外部增长，如通过并购实现扩张。相较而言，企业实现内部增长，不是一个即时的过程，而是需要漫长的等待（Biggadike 认为一般需要 8 年时间）。在这期间，由于创新投入的风险是很高的，所以内部增长很可能常常以失败告终。反之，并购是一条捷径，企业可以在较短的时间内获得自己所需的资源，与被并购方企业的无形技术优势互相结合，从而实现技术与能力的互补。同时，相比而言，除时间外，企业还需要大量的资金和技术支持以追求内部增长。因此，在经济快速发展、竞争愈加激烈的今天，并购成为众多企业寻求自身扩张的最流行、最便捷的途径。

实际早在 1969 年，Gort 就提出并购是企业实现自我成长的捷径之一。从委托代理角度出发，Jensen 和 Meckling（1976）、Jensen（1986）、Shleifer 和 Vishny（1989）、Harford 和 Li（2007）等均认为并购能够缓解代理问题，通过对管理层形成有效威胁的手段降低代理成本，通过收购或者代理权争夺的方式将现任的管理者替代。

但另一部分研究者发现管理者在并购活动中的表现与自身的自信程度紧密相关。Roll（1986）首次提出过度自信的管理者在并购中往往会陷入“胜者的诅咒”的怪圈。管理者的过度自信使得企业在并购过程中暴露出目标公司选择错误、整合阻碍估计不足、支付对价过高等问题，从而损害了收购方公司自身的利益。

如果从资源基础理论来看，企业可以被看成一个不仅集合了众多特质资源，还将这些资源进行有效整合的组织结构。Mitchell 和 Mulherin（1996）、Maksimovic 和 Philps（2001，2002）、Harford（2005）均分析表明并购可以促进公司资源的重新整合，从而使得公司的运营更加有效。这个发现充分支持了并购是企业资源实现优化配置的重要途径之一的结论（Capron 和 Mitchell，1998；Capron 和 Pistre，2002；Carow 等，2004）。除此之外，通过并购实现自我成长相较自主研发而言，具有较低的进入门槛，使得企业能够更快速地获得所需的资源（Roberts 和 Berry，1985；Singh 和 Montgomery，1987；King 等，2003）。

（二）并购浪潮理论

美国历史上共出现了六次并购浪潮。

第一次并购浪潮（1897—1904 年）：横向整合阶段。

此阶段的并购活动主要受到效率因素的驱动。由于《谢尔曼反托拉斯法》执法不严以及技术变革的推动，这一时期的并购主要是横向并购，这导致金属、运输和采矿业等均呈现高度垄断的态势。在 1901 年，摩根大通创建了美国第一家价值过 10 亿美元的公司——美国钢铁公司，该公司由 785 家独立公司组成，其中最大的为卡内基钢铁公司。另外一些著名的巨头公司，如杜邦公司、通用电气、柯达胶卷等也在此时疯狂扩张。但 1904 年的股票崩盘事件终结了此次并购浪潮。

第二次并购浪潮（1916—1929 年）：纵向并购阶段。

随着第一次世界大战的结束，美国经济发展势头强劲，投资资本充足，因此许多行业开始出现对供应链上下游进行并购的现象。发动并购的多为龙头企业，其目的是确保大企业在供给、生产和流通等方面能平衡发展，以达到垄断目的。时至今日，很多公司依然为世界顶级公司，如IBM、通用汽车等。但1929年的股市大崩盘和克莱顿反托拉斯法案的通过终止了企业的垄断扩张。

第三次并购浪潮（1965—1969年）：集团企业时代。

在此次并购浪潮中，企业收购了一系列与主营业务毫不相干的企业，由不同行业的中小企业合并成分散性经营的大公司，进而产生了许多巨型和超巨型的跨行业公司。这种联合并购行为帮助企业降低了经济波动对企业经营风险的影响。但事实与预期相反——这种超大型联合企业并不能很好地增强企业的竞争能力，从20世纪70年代末起，许多超大型联合企业开始解散，公司的多元化经营发展以失败告终。

第四次并购浪潮（1981—1989年）：逆多元化经营。

自20世纪80年代起，许多企业选择回归主业，通过兼并与分拆的方式，对企业结构进行整合，抛弃不相关的业务，从而节约资源发展公司的主营业务。例如，美国通用电气总裁杰克·韦尔奇上任之后，先后进行了大规模的分离与重组，缩小经营范围，提高专业化经营的程度。与此同时，在此次并购浪潮中，还出现了一种新兴的并购方式——杠杆收购。通过杠杆收购，收购方可以用较少的钱收购较大的目标公司，实行“蛇吞象”。到了20世纪80年代末期，随着经济增长的放缓，并购活动也逐渐减少，大量的杠杆收购宣布失败。

第五次并购浪潮（1992—2000年）：战略合并时代。

随着美国一系列的技术革命、管制放松、贸易壁垒的减少以及全球私有化的推进，个案的交易量大幅增加。但不久互联网泡沫破裂，2001年美国进入衰退期，并购活动也进入寒冬期。

第六次并购浪潮（2003—2007年）：杠杆收购的重生。

2005—2007年，高杠杆收购和私募股权投资激增，证券抵押方式越发复杂，住房抵押贷款证券化引发了不久以后的次贷危机，危机的爆发使得并购浪潮也随之平息。

纵观美国历史发生的六次并购浪潮，企业并购和外部宏观因素、市场环境与技术进步等紧密相关，该领域学者倾向从整体的宏观视角来解释并购发生的动因。例如，Mitchell 和 Mulherin（1996）提出行业冲击理论，认为并购活动是企业对行业冲击的反应和调整，即使并购后企业的绩效依然为负，但若不进行并购，企业绩效将会更加恶化。Shleifer 和 Vishny（2003）提出市场时机理论，认为资本市场对企业的估值经常出现错误，一些企业的估值过高，一些企业估值过低，当企业收购估值过低的企业时，将会驱动被低估的目标公司价值回归正常，收购公司从中获取差额收益。

2.2.2 企业并购绩效

2.2.2.1 收购方绩效

关于并购绩效的研究已持续半个世纪，大多数研究发现收购方的累计超额收益显著为负。Jarrel 等（1988）发现在扣除同时期的市场因素后，收购方的股票依然有 2%的增长，但 1980 年以后这种收益增长已经降到零以下了。Loderer 和 Martin（1990）对 274 起要约收购和 3296 起其他收购案进行分析，发现收购方的并购绩效整体为负。Agrawal 等（1992）研究了 1955—1987 年的 1164 起并购事件后发现：收购方公司一年后的平均超额收益为-1.53%，两年内的累计平均超额收益为-4.94%，三年内的累计平均超额收益为-7.38%。Eckbo 和 Thorburn（2000）将美国和加拿大的并购作为研究对象，最终得到收购方的绩效基本为零的结论。

这使得很多研究者开始探索：即使收购方的股票市场反应为负，公司为何依然活跃地进行并购活动？Eckbo（2009）在综述文章中提出收购方绩效为负的原因主要表现在以下几个方面：

（1）收购方的规模大小（Asquith 等，1983；Eckbo 和 Thorburn，2000；Fuller 等，2002；Moeller 等，2004，2005）；

（2）目标公司是否为上市公司（Fuller 等，2002；Bradley 和 Sundaram，2006；Bargeron 等，2007；Betton 等，2008）；

(3) 支付方式是否为股权支付 (Betton 等, 2008; Savor 和 Lu, 2006)。

其他一些学者也在通过细分研究, 分析收购方的并购价值。例如, Bradley 等 (1988) 发现当并购形式为要约收购时, 收购方的价值将会有所提高。Akbulut 和 Matsusaka (2003) 利用 1950—2002 年的 3466 个样本分析, 得出同行业的并购有助于提高收购方的并购绩效的观点。

截至目前, 对于收购方绩效的争论还在持续, 许多学者依然在致力于寻找造成并购方绩效之谜的因素。

2.2.2.2 目标公司的绩效

对于目标公司的绩效, 现有学者提供的证据基本一致, 即目标公司的并购绩效显著为正。Jensen 和 Ruback (1983) 通过总结现有文献发现: 目标企业股东的超额收益率为 20%, 而收购企业仅有 0.1%。Jarrell 和 Poulsen (1989) 也发现了类似的结论。Franks 和 Torous (1989) 利用英国数据分析发现目标公司在窗口期间累计获得 25%~30%的超额收益, 而收购方的股东几乎没有获得任何利益。Bruner (2002) 对 1971—2001 年发表的 100 多篇文章进行总结分析, 发现在发达国家的并购活动中, 目标公司的收益整体显著为正, 超额收益率高达 10%~30%。但收购方的超额收益则呈现逐年下降的趋势。

2.2.2.3 并购绩效研究的时间效应

在衡量并购绩效时, 很多学者通常采用短期事件窗口研究, 如[-1,+1]、[-2, +2]、[-40, +40] 等。大部分研究发现对于目标公司而言, 并购时的市场反应整体而言是正的, 但是对于收购方公司而言, 并购时的市场反应是非常不确定的, 而大部分文献发现短期的市场反应是接近于 0 或者显著为负的 (Jensen 和 Ruback, 1983; Asquith 等, 1983; Eckbo 和 Thorburn, 2000; Moeller 等, 2004; Moeller 等, 2005; Bargeron 等, 2007)。此后的研究提出, 如果市场是完全有效的, 那么短期的市场反应将会涵盖所有相关的信息, 包括管理层的信息。但是, 很多研究认为市场并不普遍是完全有效的，同时进一步发现并购后的长期市场反应显著为负，这说明只看短期的事件窗口反应是有一定偏颇的（Shleifer 和 Vishny，2003；Mitchell 等，2004；Langetieg，1978；Asquith，1983；Magenheim 和 Mueller，1988；Loughran 和 Viji，1997）。Healy 等（1992）、Parrino 和 Harris（1999，2001）使用会计指标分析了美国 1979—1984 年的并购交易，发现并购后公司的资产管理能力得到大幅提升，资产回报率也显著高于同行业公司。Loughran 和 Vijh（1997）指出短期市场会高估或低估并购绩效，只看事件窗口的股票市场反应是不合理的，应将更多的目光放在长期的绩效上。Mitchell 等（2004）也通过实证分析发现短期事件窗口的股价分析会有一定的偏颇。Sheen（2014）以合并公司的经营效率为研究对象，发现其在并购后得到了大幅提升。综上所述，为了保证实证结果的说服力，我们将同时对短期和长期股票市场的反应进行研究。除此之外，本书还将对公司并购的财务绩效进行一定的分析。

2.3 股价崩盘风险

股价的“暴涨暴跌”是资本市场重点关注的一种现象，尤其是股票的暴跌带来的股价崩盘风险。股价崩盘将会严重损害股东的利益，动摇投资者对资本市场的信心，不利于金融市场稳定健康地发展，甚至造成资源的错配，带来经济的不稳定。现有文献认为股价崩盘的起因是：为了实现自身利益的最大化，企业中管理层有足够的动机选择掩盖坏消息，而快速地披露好消息。当坏消息随着经营周期持续累积到一定程度，以至于突破极限时，会突然爆破，全部涌入股票市场，导致股价大幅下跌，造成股票的崩盘（LaFond 和 Watts，2008；Verrecchia，2001；Graham 等，2005；Ball，2009）。近年来，随着金融危机的爆发，股价崩盘风险成为会计和金融领域研究的热点话题。大量研究从信息环境角度分析股价崩盘风险的可能程度，例如 Hutton 等（2009）利用美国数据分析，发现公司透明度与股价崩盘风险之间呈现显著的负相关，Jin 和 Myers（2006）通过跨国比较也发现了相似的结论。Kim 等（2011a，2011b）发现在美国股价崩盘风险与公司 CFO 的期权激励和避税行为之间呈现正相关关系，认为管理者出于自身利益最大化或稳定的职业生涯稳定的目的，更倾向于隐藏企业的负面消息，以维持与公司业绩相关的自身福利。Kim 和 Zhang（2011）、Chen 等（2017）发现会计稳健性能有效地降低股价崩盘的可能性。DeFond 等（2011）考察了强制采取 IFRS 准则是否有助于降低股票崩盘的风险。Callen 和 Fang（2017）通过研究财务报告的可比性与股票崩盘风险之间的关系，发现较高的可比性有助于降低股票崩盘的可能性。

后续学者将这一思路延伸到与高管特质领域的研究，Callen 和 Fang（2015）发现宗教化程度高的地区公司的估计崩盘风险较低，即宗教信仰有助于提高高管的道德约束，进而更少地掩盖负面消息。Xu 等（2014）则将高管的超额薪酬与股价崩盘风险联系在一起，发现高管的在职消费和超额报酬会显著增加股价崩盘的可能性。

第 3 章

管理层能力对企业并购的动因及后果的影响探究——基于美国市场的分析

3.1 管理层能力对企业并购决策的影响探究

3.1.1 问题的提出

企业主要通过内部研发和外部并购两种方式实现自我成长。企业成长不仅可以帮助公司保持竞争优势，还能够积极推动宏观市场的发展，具有显著的社会经济功能。AccuStaff 的首席执行官在某次公司声明中表示："每个季度内，公司的内部成长和外部收购都会带动公司经营绩效提高20%"（Trottman，1998）。因此，学者们围绕这两条主线对企业成长问题展开了长期的研究。内部增长机制主要指的是企业在现有资源的基础上通过企业家和管理者的力量创造出新的资源并增强自身利用新资源的能力，但只有当企业的内部资源和能力与外部环境相匹配时，企业才能高效、顺利地通过内部研发的方式实现自我扩张。企业实现内生成长的前提条件是企业内部存在未被利用的资源，具体而言，企业的成长速度、方式和界限受到内部未被利用的资源的限制。必要的先决条件造成了当下发展的僵硬局面，即企业需要以时间和金钱为代价来实现内部成长；这种严苛的外界因素要求使得企业需要耗费较长的时间才能获得内部增长所带来的收益（1979 年 Biggadike 的研究显示企业能够实现内部增长时间最短为 8 年）。相反，并购是一种避免了以时间和高额费用为代价、通过扩大规模的手段实现互补性协同效应的快速方法，同时并购作为一种重要的企业成长方式，可以满足企业的多元化动机需求。因此，在当今社会，并购成为全球公司在瞬息万变的市场环境中谋生存、求发展以及维持可持续性竞争力的首要选择。与内部成长相比，企业可以直接分配并购方式所带来的经营现金流。Gort（1998）指出，当公司的需求增加至超过其现有产能水平时，公司更倾向于选择并购的方式，在满足需求的同时，又能为公司的发展节省足够的时间。新古典模型表明企业执行并购活动是为了追求其自身对资源利用效率的最大化。企业并购方式分为横向并购、多样化并购和混合并购。规模经济理论认为通过横向并购，公司一方面可以推动产业由初创阶段向规模化阶段积累，直到最后发展至平衡和联盟阶段，并可以在更大范围内共享研究、管理和营销等费用，降低单位成本而获得更大的单位收益；另一方面规模和市场份额的扩大帮助企业减少同行业的竞争压力，减少竞争费用而增加收益。交易成本理论认为，通过多样化合并，并购公司可以将市场上原本的买卖关系转变为组织内部的关系，用较低的组织管理成本替代较高的市场交易成本，进而获取更大利润。效率理论认为，并购公司可以实现多元化经营，提高资源的配置效率，以达到分散经营风险，获得“管理协同”“经营协同”“财务协同”等效应，并认为并购带来的一系列效用在混合并购中更为显著。由此可见，企业并购是公司进行资源管理和建立资源库存机制的有效工具（Capron 和 Mitchell，1998；Capron 和 Pistre，2002；Carow 等，2004）。Mitchell 和 Mulherin（1996）、Maksimovic 和 Phillips（2001，2002）、Harford（2005）的发现表明，并购有助于公司从低效率资源利用运营模式提升至高效率状态。除此之外，企业并购还能为企业带来多方面的好处，例如较低的进入成本（Roberts 和 Berry，1985）、进入壁垒的突破（Singh 和 Montgomery，1987）和较低的资源控制费用（Capron，1999；Lambe 和 Spekman，1997；King 等，2003）等好处。总体而言，企业并购通过有效利用外部资源进而促使上市公司形成高效灵活经营机制的途径，成为实现企业的增长的一种常用方式（Hitt 等，2001）。

随着全球化浪潮的不断加剧，市场竞争变得愈加激烈，企业在发展过程中受到的冲击与挑战也越来越大。传统企业依靠资本积累的渐进式成长方式早已无法适应新时期的发展环境。在这样的大背景下，大量企业开始采用并购战略来主动迎合全球化的浪潮，通过并购获取新的发展机遇，开辟新的发展途径。近一百年来，并购帮助公司迅速完成资本集中与规模扩张，极大地促进了市场经济的发展。距今为止，全球范围内共发生了 6 次并购浪潮。最早的并购浪潮发生在 19 世纪初的美国，美国的工业抓住此次并购机遇，在第一次浪潮中迅速成长起来。第二次并购浪潮发生在 20 世纪 20 年代。与第一次有所不同，此次并购类型以纵向并购为主，促进了产品上下游企业的交流与合并，进而提升了企业的生产效率。第三次并购浪潮发生于 20 世纪 50—70 年代，规模比前两次都要大，以不同行业公司之间的并购方式为主。大量公司通过此次并购浪潮开辟了新的产业，实现了多元化经营，大大提升了竞争力。第四次并购浪潮发生于 20 世纪 80 年代。此次浪潮的兴起与金融工具的创新密不可分。得益于新型金融工具，企业并购交易变得更加便捷，并且交易数额得到更显著的攀升。除此之外，企业也可以通过相对较低的并购成本完成交易。第五次并购浪潮始于 20 世纪末，受全球化影响，此次并购浪潮中跨国并购比例显著提高，反映出当代公司对全球化战略的重视。一些传统巨头企业通过此次并购浪潮将自己的产业延伸至全世界。第六次并购浪潮是 2004 年开始并持续至今的移动互联网并购浪潮。中国处于此次并购浪潮中心，感受着其为中国带来的巨大的经济效益。作为最大受益国，中国所表现出的卓越成就归功于其在全球首屈一指的互联网基础设施建设与普及程度。总体来说，公司并购史可以说是市场经济先行国家的发展史。一次成功的并购浪潮，足以孕育出一个庞大的经济体。

在经济快速增长的今天，企业的并购活动俨然已成为公司成长的重要途径之一。企业通过并购可以实现优化资源配置、调整产业结构、产品结构和企业组织结构等目标。随着全球化步伐的加快，国内外企业都有很强的扩张意识。截至 2015 年 11 月，路透社数据显示全球的并购总额已经超过 4 万亿美元，与 2014 年相比，同比增长了 38%。尽管并购赋予企业在短时间内通过资源和能力的外取而实现规模大幅扩张的魔力，帮助企业占据有利的市场地位和获取理想收益，但在寻找合适的收购机会时，企业可能会牺牲高额的固定成本用于获取被收购方的技术、经营以及其他相关信息以判断并购的可行性与合理性。同时并购结束后，收购方公司可能会遇到人力资源管理问题——在个体水平上容易引致雇员的焦虑与孤独甚至离职，在团队水平上容易引起文化冲突。现有文献表明管理层行为和能力会对公司的经营和投资决策产生重大影响，尤其像是企业并购这种意义深远的活动。管理层能力与企业发展一直深受学者们欢迎，以至于涌现出大批学者研究两者之间的关系，但到目前为止还尚无定论。本节将就管理层能力对公司并购决策的影响做出实证探索。

早期研究多是通过间接的方式对管理层能力进行衡量，如 CEO 特征，包括其任职特点、薪酬机制、任期及其背景特征（Chikh 和 Filbien，2011；Walters 等，2007）。但这种方式只针对 CEO 个体能力对于公司的影响，而非考虑到整个高管团队对业绩的影响。Bertrand 和 Schoar（2003）认为管理能力（MA）是企业独具的特点，很难直接观察以及量化。同时，学者们指出基于早期对于管理层的能力度量方式的实证研究会将信息噪声带到最终结果中，因为这种方法并没有综合考虑整个高管团队中经理人个体之间的协同作用，同时很难单纯通过 CEO 特征对公司层面的因素与管理者自身的能力因素进行分离。考虑到管理层自身能力的差异，Demerjian 等（2012）基于管理者创收的效率提出了新的度量管理层能力的方法——采用数据包络分析法和两阶段法排除企业层面因素对企业产出效率的影响，进而提炼出管理层能力的测度指标。随后，Demerjian 等（2013）利用这种度量管理层能力的新方法对管理层能力对盈余质量的影响进行实证研究，其结果优于早先文献中对管理层能力间接测量下的结果。鉴于此，本节在本研究中，参考 Demerjian 等（2012）的方式对研究对象的管理层能力进行测量，并基于此研究收购方公司的管理层能力对公司收购下发展战略的影响。

本节以 2001—2016 年美国上市公司的并购数据为研究样本，实证分析了收购方管理层能力对并购决策的影响。结果发现：①收购方的管理层能力越强，其进行并购活动的可能性越大；②收购方管理层能力越强，其越倾向于进行连续的并购活动。

本节对现有文献从下述两个方面进行了补充扩展：第一，本节丰富了对管理层能力与企业并购两方面的研究。以企业并购活动为平台，研究企业管理层能力对未来发展战略部署的影响。后续实证结果肯定了管理层能力通过并购活动发挥其重要作用。现有文献表明，管理层能力会对并购业绩产生影响，即收购方公司中的高管团队对于收购活动中涉及的双方公司发展前景的态度直接影响到公司是否可以通过并购的方式实现自身增长（Dong 等，2006；Bertrand 和 Schoar，2003）。Klasa 和 Stegemoller（2007）指出很少有文献度量将并购视为发展的有效方法的企业对结果所寄予的期望值。Bertrand 和 Schoar（2003）也指出没有足够证据说明管理层能力对企业发展战略尤其是并购活动的影响。本节试图解释管理层能力与通过并购活动所寻求的增长机会的关系。结果表明，在企业并购的进程中，管理层能力在企业增长相关的战略制定中发挥着决定性作用。第二，本节借鉴 Demerjian 等（2012）提出的管理层能力计量模型，对管理层能力进行直接度量。这种方法从资源利用的角度出发，将企业效率噪声与管理者自身能力效率分开，进而证实优秀的管理团队对通过并购活动实现增长的战略至关重要。

3.1.2 理论分析与假设提出

在持续变化的市场中，维持企业增长是其生存下去的必要条件，但是企业很难仅仅通过内部增长来改善经济状况以及最终满足增长需求。在此环境下，并购成为公司的重要投资决策，帮助公司在瞬息万变的全球业务环境中寻求发展机会。收购可以通过降低资本成本、实现战略调整以适应监管环境变化和技术改革的渠道帮助公司实现经营和财务协同（DePamphili，2012）。管理层能力在企业经营管理过程中占据着利害地位，是企业重要的无形资产，即包括 CEO 和高级经理人在内的高管团队是影响业务绩效的重要因素之一。作为并购战略的制定者和实际执行者，企业管理层的知识结构、管理经验和资源整合能力对并购目标的实现具有至关重要的作用，具体而言，在决定公司增长模式的过程中，高级管理人员是收购活动的关键决策者（Chikh 和 Filbien，2011）。

尽管随着市场经济与全球一体化的发展，并购已经成为现代经济史上的一个突出现象，但是“并购是否创造价值”一直是理论界和实务界共同关注的焦点话题。一些学者基于“过度自信假说”，认为并购公司的管理层容易低估并购的不确定性和失败的可能性，同时高估自己掌握公司的能力，从而在并购中过分乐观。所以研究常常将负面收购绩效归因于收购方公司的管理团队在收购决策和支付目标公司中的过度自信（Roll，1986；Conn 等，2005；Ismail，2008；Billett 和 Qian，2008）。另一些学者认为，管理层团队通过并购战略部署促进组织增长，即企业并购可以通过单边效应、协同效应和效率效应来增强企业的市场实力，提升企业的经营效率，从而改善公司绩效。Kumar（1985）支持管理层团队对企业未来发展产生积极作用的观点，公司在追求自身成长的进程中面临着重重选择，其中影响最深远的是以何种方式实现最终目标——内部增长或并购扩展。相比之下，并购扩展具有一系列公认的好处，首先收购的执行年限较短，而内部增长可能需要至少几年的时间（Capron，1999；Lambe 和 Spekman，1997；Roberts 和 Berry，1984）。其次，当公司战略决定进入新的领域时，内部增长的费用要远远高于企业并购活动中所产生的费用（Singh 和 Montgomery，1987；Roberts 和 Berry，1984）。最后，企业并购可以推动公司对资源的重新分配，帮助公司追求效率最大化（Mitchell 和 Mulherin，1996；Maksimovic 和 Phillips，2001、2002；Harford，2005）。

为了确保企业可以通过并购在短时间内实现低成本的战略增长，管理团队在进行并购决策的时候面临着巨大的风险。公司增长的预期要求管理者在并购活动中寻求合适的收购对象、准确理解目标价值、预测潜在的协同效应并最终做出实际购买决定（Goodman 等，2013），否则，经理人要承担事后处罚风险，如被解雇（Aktas 等，2009）等。但相比之下，卓越的高管团队可以获取更多关于目标公司的有利信息，从而协助他们更准确地了解公司价值，以此降低并购后的解雇风险。由此可知，能力较强的管理团队可以更好地利用并购为公司带来的优势，尽可能地规避失败风险。因此，管理层能力的差异会影响公司并购的决策。鉴于此，本节提出如下假设：

H1：在其他条件相同的情况下，管理层能力强的公司更有可能从事收购活动。

另外，在现有研究基础上，本研究还加入了连续并购作为主要研究对象，我们认为能力强的管理者能够更好、更快地完成并购整合，从而实现自身的战略目标。因此，本节提出第二个假设：

H2：在其他条件相同的情况下，管理层能力强的公司更有可能从事连续的收购活动。

3.1.3 研究设计

3.1.3.1 数据和样本

为了通过并购活动研究企业的管理层能力与企业的增长战略之间的关系，本节将样本区间选定于2001—2016年，以SDC Platinum全球并购数据库收录的企业并购事件为样本。样本规模大小随样本的选择而变化。考虑到控制变量的设立，本节选取了所有上市的收购方公司。在研究收购方与被收购方之间的协同效应时，本节选取财务数据披露在SDC数据库中的收购方公司为样本。本研究中的管理层能力指标来自Demerjian网站，除此之外的研发数据、资产增长情况以及其他财务数据来自Compustat数据库，并对样本做了以下筛选处理：①剔除财务数据披露不全的公司；②剔除金融行业公司。最终选取了14548个观察值研究公司参与并购活动的可能性，6818个观察值研究公司连续并购情况。为了控制极端值的影响，本节对连续变量1%以下和99%以上的分位数进行了缩尾处理（Winsorize）。

3.1.3.2 管理层能力的衡量

对管理层能力的量化衡量是很困难的。一些学者使用固定效应模型来衡量管理者能力，但是该模型只适用于存在管理者更替现象的企业，另一些研究通过分析异常事件来衡量管理层能力。例如，Hayes 和 Schaefer（1999）、Bertrand 和 Schoar（2003）通过分析离职高管确定管理能力，或研究用广义指标反映管理层能力，如历史异常表现、媒体关注度和 CEO 或 CFO 的薪酬、任期或教育背景等个人特征（Fee 和 Hadlock，2003；Rajgopal 等，2006；Milbourn，2003；Tervio，2008）。Bertrand 和 Schoar（2003）、Demerjian 等（2012）发现上述度量方法存在一些问题。一方面，除了 CEO 和 CFO，公司内管理团队的其他成员如 COO 等也参与并影响公司决策的制定。因此，CEO 和 CFO 的特征不能充分代表高管团队的能力。另一方面，先前的研究已经意识到上述测量方法包含噪声，而且很难将实证研究得出的影响程度完全归因于管理者本身。Demerjian 等（2012）提出运用 DEA-Tobit 二阶段模型计算管理层能力。该方法通过衡量管理层利用资源为公司带来利润的效率进而判断其能力的大小。第一步采用多阶段变动规模 DEA 模型计算公司投入产出的效率，基于 Fama 和 French（1997）、Demerjian 等（2012）的模型，用公司的销售情况反映公司输出情况，以多个财务指标——销售成本、销售和管理费用、固定资产净额、经营租赁净额、研发投入净额及商誉和其他无形资产的购买情况为构成因素衡量公司输入水平。第二步利用 Tobit 回归剔除公司层面影响公司投入产出效率的特有因素，剩下的残差项则代表管理层能力。

Demerjian 等（2012）利用数据包络分析（DEA）方法解决优化问题：

$$\max_v\theta=\frac{Sales}{(v_1CoGS+v_2SG\&A+v_3PPE+v_4OpsLease+v_5R\&D+v_6Goodwill+v_7Other\ Intan)}$$

其中，产出值 *Sales* 为企业销售收入；$v_1\sim v_7$ 为 7 个衡量企业投入值的财务指标。通过 DEA 分析，可以得到每家企业的生产效率值$\max_v\theta$，度量值介于 0~1 之间，反映了优化程序中的约束情况。$\max_v\theta$ 取值为 1 表示公司的生产能力最优。得分低于 1 的公司需要降低成本或增加收入才能实现最优生产效率。

但是，这种方法同时捕捉了公司特征和管理层特征，公司独特的效率影响因素会夸大或低估管理层能力。因此，Demerjian 通过对影响公司层面效率的因子（公司规模、公司市场份额、企业自由现金流量、企业生命周期、企业经营复杂性和海外业务）进行如下 Tobit 回归，分行业分年度将企业全效率中由管理层能力贡献的部分分离出来。

$$Firm\ Efficiency_i=\alpha+\beta_1(Total\ Assets)_i+\beta_2 Market\ Share_i+\beta_3 Free\ Cash\ Flow\ Indicator_i+\beta_4 \ln(Age)_i+\beta_5 Business\ Segment\ Concentration_i+\beta_6 Foreign\ Currency\ Indicator_i+Year+\varepsilon_i$$

估计的残差代表管理层能力。将这种基于 DEA 效率指标度量出的管理层能力与其他传统的管理能力指标（如行业调整后的历史收益率、行业调整后的历史资产回报率、CEO 薪酬、CEO 任期和媒体关注度）进行比较，结果表明基于 DEA 的效率指标与当前的管理能力正相关，并且比传统方式更能有效控制噪声。此外，此方法适用于所有的上市公司，有助于扩大研究中的样本规模进而得到普遍度高的结论。考虑到 DEA 模型的显著优势，本节借此度量方法衡量管理层能力。(用 *MA_ SCORE* 表示用此方法计算出的管理层能力数值，用 *MA_ SCORE_ RANK* 反映以管理层能力数值为对象得到的排名情况，使数据更加平滑)。

3.1.3.3 回归模型

为了测试收购方公司的管理层能力是否会影响收购决策（H1），本节同时观察公司考虑选择收购和连续收购的可能性。为了测量公司选择并购的可能性，本节参考 Palepu（1986）、McNichols 和 Stubben（2009）的方法，根据收购与被收购方公司的标准产业分类代码的前两位、会计年度、公司规模和生命周期将样本进行合并匹配。对于控制变量的选择，本节与先前分析影响收购因素的文献保持一致——控制了公司规模、杠杆率、市价比率和流动性层面的影响（Lang 等，1989；Morck 等，1990；Moeller 等，2004；Harford，2005；Dong 等，2006）。本节用资产的自然对数作为衡量公司规模（*SIZE*）的指标，用总负债与总资产的比率反映杠杆率（*LEVERAGE*）情况，用市场价值与账面价值的比率衡量市价比（*MB*），以现金和短期投资与总资产的比值为指标体现流动性（*LIQUIDITY*）。观察值的时间跨度截至发生收购的前一年。除此之外，本节采用 Fama-French 48 行业分类标准控制行业和年度的固定效应。如果$\beta_1>0$，则表示回归结果与假设吻合，支持 H1：

$$Log(ACQ=0/1)=\alpha+\beta_1 MA\_SCORE/MA\_SCORE\_RANK+\beta_2 SIZE+\beta_3 LEVERAGE+\beta_4 MB+\beta_5 LIQUIDITY+\beta_6 AGE+\varepsilon \quad (3-1)$$

为了测试获得公司管理层能力对连续收购决策的影响（H2），仿照 Fuller 等（2002）的研究，本节在上述模型中加入虚拟变量（*SERIAL*）。如果收购方在样本期间的任何 5 年窗口中对 5 个或更多目标发出出价，*SERIAL* 取值为 1，否则为 0。在构建样本过程中，本节在主回归（3-1）的样本基础上，只保留了收购股份比例额超过 50%的样本并剔除了在 5 天内收购两个或更多目标公司的竞价者以排除“一揽子收购”的可能性。在对系列收购行为的分析中，本节控制了公司特征和影响连续收购决策的交易特征——公司规模（*SIZE*），多元化收购（*DIVERSIFY*），股票支付（*STOCK*），现金支付（*CASH*），杠杆（*LEVERAGE*），自由现金流量（*FCF*），市价比（*MB*），托宾 *Q*（*Q*），销售增长（*GROWTH*），*PE* 比率（*EP*），股本回报率（*ROE*）和流动性（*LIQUIDITY*）。$\beta_1>0$ 表示支持假设 2（H2），模型如下：

$$Log(SERIAL=0/1)=\alpha+\beta_1 MA\_SCORE/MA\_SCORE\_RANK+\beta_2 SIZE+\beta_3 DIVIDEND+\beta_4 STOCK+\beta_5 CASH+\beta_6 LEVERAGE+\beta_7 FCF+\beta_8 MB+\beta_9 Q+\beta_{10} GROWTH+\beta_{11} EP+\beta_{12} ROE+\beta_{13} LIQUIDITY+\varepsilon \quad (3-2)$$

实证分析当中用到的变量定义，如表 3-1 所示。

表 3-1 变量定义表

变量名称	变量定义
管理层能力指标	
MA_ SCORE	Demerjian 等（2012）创建的管理层能力指标
MA_ SCORE_ RANK	以 Demerjian 等（2012）创建的管理层能力指标为标准进行升序排列后的排名
被解释变量	
ACQ	哑变量，若当年公司发生了并购活动，取值为 1，否则取值为 0

续表

变量名称	变量定义
SERIAL	哑变量，根据 Fuller、Netter 和 Stegemoller（2002）的研究，若公司在当年的并购活动多于5次，同时5次均为不同的目标公司，则取值为1，否则取值为0，以此排除公司“一揽子收购”计划的观测
并购方特征	
SIZE	收购方公司在并购前一年会计年度报告中的总资产数额的对数
LEVERAGE	收购方公司在并购前一年会计年度报告中的长期负债和短期负债的加总值除以公司总资产
MB	收购方公司在并购前一年会计年度报告中的流通股市值与账面价值的比值
LIQUIDITY	收购方公司在并购前一年会计年度报告中的流动性资产占总资产的比例
AGE	收购方公司截至并购前一年公司存续的时长
FCF	哑变量，若收购方公司在并购前一年的自由现金流为非负值，则赋值为1，否则赋值为0
Q	收购方公司在并购前一年的托宾Q值
GROWTH	收购方公司在并购前一年的销售收入增长率
EP	收购方公司在并购前一年的每股收益
ROE	收购方公司在并购前一年的净资产收益率
DIVIDEND	收购方公司在并购前一年的股利发放数额
STOCK	哑变量，若收购方全部以股权进行支付，则取值为1，否则取值为0
CASH	哑变量，若收购方全部以现金支付，则取值为1，否则取值为0

3.1.4 实证结果与分析

3.1.4.1 描述性统计

表 3-2 呈现了基于不同回归模型的企业增长和控制变量的描述性统计。如表 3-2 的 A 组所示，样本包括 14548 个收购案例。管理层能力指标的平均值（中位数）*MA_ SCORE* 和 *MA_ SCORE_ RANK* 为-0.009（-0.022）和 0.546（0.500）。*ACQ* 的均值表明有 50.5%的样本公司均进行了并购活动。

B 组报告了连续收购样本的描述性统计数据：在连续并购样本中管理层能力 *MA_ SCORE* 均值（中位数）为 0.002（-0.010），*MA_ SCORE_ RANK* 的均值（中位数）为 0.568（0.600）*SERIAL* 的平均值为 0.444，即 44.4%的样本公司在 5 年间进行连续收购，这表明在当下连续收购（*SERIAL*）并非罕见事件。

表 3-2 描述性统计

变量	样本量	均值	最小值	Q1	中值	Q3	最大值	标准差
A 组：并购趋势								
MA_ SCORE	14548	-0.009	-0.365	-0.115	-0.022	0.082	0.438	0.158
MA_ SCORE_ RANK	14548	0.546	0.100	0.300	0.500	0.800	1.000	0.285
ACQ	14548	0.505	0.000	0.000	1.000	1.000	1.000	0.500
SIZE	14548	5.771	2.262	4.611	5.670	6.847	11.050	1.655
LEVERAGE	14548	0.354	0.043	0.189	0.327	0.491	0.995	0.201
MB	14548	3.821	0.000	1.355	2.327	4.074	37.190	5.125
LIQUIDITY	14548	0.427	0.031	0.228	0.406	0.610	0.933	0.240
AGE	14548	7.988	6.031	7.532	8.118	8.565	9.255	0.758
ROA	14548	-0.033	-1.280	-0.056	0.029	0.078	0.274	0.228
GROWTH	14548	0.187	-0.100	-0.018	0.086	0.240	6.142	0.701
Q	14548	0.154	0.000	0.000	0.070	0.268	0.917	0.186

续表

变量	样本量	均值	最小值	Q1	中值	Q3	最大值	标准差
B 组：连续并购								
MA_ SCORE	6818	0. 002	-0. 382	-0. 101	-0. 010	0. 092	0. 422	0. 155
MA_ SCORE_ RANK	6818	0. 568	0. 100	0. 300	0. 600	0. 800	1. 000	0. 282
SERIAL	6818	0. 444	0. 000	0. 000	0. 000	1. 000	1. 000	0. 497
AGE	6818	7. 979	5. 916	7. 493	8. 120	8. 583	9. 481	0. 793
SIZE	6818	6. 140	0. 021	4. 968	6. 087	7. 296	12. 250	1. 712
DIVIDEND	6818	0. 546	0. 000	0. 000	1. 000	1. 000	1. 000	0. 498
STOCK	6818	0. 064	0. 000	0. 000	0. 000	0. 000	1. 000	0. 245
CASH	6818	0. 370	0. 000	0. 000	0. 000	1. 000	1. 000	0. 483
LEVERAGE	6818	0. 356	0. 052	0. 194	0. 333	0. 489	0. 990	0. 196
FCF	6818	0. 007	-0. 679	-0. 015	0. 042	0. 082	0. 245	0. 146
MB	6818	3. 962	0. 000	1. 538	2. 507	4. 172	35. 080	5. 030
Q	6818	0. 163	0. 000	0. 001	0. 092	0. 284	0. 811	0. 186
CROWTH	6818	0. 253	-1. 113	0. 004	0. 106	0. 277	8. 058	0. 911
EP	6818	-0. 027	-1. 492	-0. 010	0. 032	0. 057	0. 213	0. 236
ROE	6818	0. 010	-1. 112	-0. 010	0. 045	0. 083	0. 872	0. 202
LIQUIDITY	6818	0. 400	0. 030	0. 204	0. 370	0. 579	0. 912	0. 237

3. 1. 4. 2 相关性分析

本节对所研究的主要变量进行了 Pearson 相关性分析，以排除变量之间多重共线性问题，从而保证参数估计的有效性，分析结果如表 3-3 所示。A 组为研究并购可能性时所需变量的相关性检验。公司执行并购（*ACQ*）的概率与管理层能力（*MA_ SCORE/MA_ SCORE_ RANK*）显著正相关，这初步印证了假设 1 的推论。

B 组结果表明，公司执行连续并购（*SERIAL*）的概率与管理层能力（*MA_ SCORE/MA_ SCORE_ RANK*）显著正相关，这初步印证了假设 2 的推论。

表 3-3 相关性分析

A 组：并购趋势

	MA_ SCORE	MA_ SCORE_ RANK	ACQ	SIZE	LEVERAGE	MB	LIQUIDITY	AGE	ROA	GROWTH	Q
MA_ SCORE	1.000										
MA_ SCORE_ RANK	0.926***	1.000									
ACQ	0.067***	0.075***	1.000								
SIZE	0.154***	0.118***	0.183***	1.000							
LEVERAGE	0.046***	0.044***	-0.051***	0.190***	1.000						
MB	0.078***	0.087***	0.030***	-0.039***	0.169***	1.000					
LIQUIDITY	0.004	0.026***	-0.035***	-0.387***	-0.341***	0.197***	1.000				
AGE	0.072***	0.047***	0.053***	0.209***	0.105***	-0.154***	-0.211***	1.000			
ROA	0.338***	0.310***	0.113***	0.305***	-0.024***	-0.065***	-0.164***	0.194***	1.000		
GROWTH	0.199***	0.185***	0.044***	0.062***	0.066***	0.074***	-0.039***	-0.167***	0.132***	1.000	
Q	-0.010	-0.016*	-0.017**	0.298***	0.791***	0.065***	-0.508***	0.071***	0.030***	0.043***	1.000

注：***、**、*代表在 1%、5%、10%的水平上显著。

B组：连续并购

	MA_ SCORE	*MA_ SCORE_ RANK*	*SERIAL*	*AGE*	*SIZE*	*DIVIDEND*	*STOCK*	*CASH*	*LEVERAGE*	*FCF*	*MB*	*Q*	*GROWTH*	*EP*	*ROE*	*LIQUIDITY*
MA_ SCORE	1.000															
MA_ SCORE_ RANK	0.921***	1.000														
SERIAL	0.043***	0.030**	1.000													
AGE	0.065***	0.043***	0.220***	1.000												
SIZE	0.128***	0.094***	0.376***	0.265***	1.000											
DIVIDEND	-0.020*	-0.016	0.012	-0.052***	-0.087***	1.000										
STOCK	-0.075***	-0.052***	-0.069***	-0.128***	-0.143***	0.052***	1.000									
CASH	0.039***	0.033***	-0.064***	0.110***	0.109***	-0.242***	-0.201***	1.000								
LEVERAGE	0.062***	0.054***	0.117***	0.097***	0.213***	-0.024*	-0.042***	-0.058***	1.000							
FCF	0.328***	0.300***	0.159***	0.287***	0.307***	-0.059***	-0.229***	0.160***	0.019	1.000						
MB	0.061***	0.073***	-0.082***	-0.191***	-0.066***	0.016	0.164***	-0.061***	0.147***	-0.107***	1.000					
Q	0.008	0.000	0.169***	0.053***	0.287***	-0.042***	-0.060***	-0.063***	0.800***	-0.002	0.052***	1.000				
GROWTH	0.165***	0.150***	-0.028**	-0.203***	0.038***	0.034***	-0.024**	-0.035***	0.086***	0.088***	0.050***	0.049***	1.000			
EP	0.255***	0.232***	0.071***	0.149***	0.214***	-0.036***	-0.129***	0.094***	0.024**	0.551***	0.028**	0.047***	0.077***	1.000		
ROE	0.264***	0.245***	0.076***	0.150***	0.248***	-0.061***	-0.162***	0.118***	0.009	0.613***	-0.084***	0.014	0.083***	0.595***	1.000	
LIQUIDITY	-0.007	0.014	-0.276***	-0.207***	-0.397***	0.053***	0.148***	-0.002	-0.368***	-0.163***	0.208***	-0.542***	-0.042***	-0.141***	-0.125***	1.000

注：***、**、*代表在1%、5%、10%的水平上显著。

3.1.4.3 均值差异

表 3-4 总结了企业管理层能力基于不同并购种类的基本均值差异，以确定收购方公司的管理层能力是否会对不同的并购活动产生影响。A 组对比收购组和与之匹配的非并购组之间的管理层能力差异。管理层能力指标（*MA_ SCORE/MA_ SCORE_ RANK*）的平均差异为-0.021 和-0.043，均在 1%水平上显著。这表明从事收购活动的公司通常具有能力更出色的管理团队。B 组结果表明，收购方管理层能力的平均值差异导致了公司并购决策的不同，即是否选择连续收购。差异值为负表明在连续收购的组别中收购方公司的管理层能力较强。

表 3-4 均值检验

A 组：并购趋势					
变量	无并购	均值	有并购	均值	差异
MA_ SCORE	7202	-0.020	7346	0.002	-0.021***
MA_ SCORE_ RANK	7202	0.524	7346	0.567	-0.043***
B 组：连续并购					
变量	无连续并购	均值	连续并购	均值	差异
MA_ SCORE	3790	-0.004	3028	0.009	-0.013***
MA_ SCORE_ RANK	3790	0.561	3028	0.578	-0.017**

注：***、**代表在 1%、5%的水平上显著。

3.1.4.4 收购方公司的管理层能力与企业并购决策

本节首先使用匹配样本来检验收购方公司管理层能力对参与收购活动决策的影响。表 3-5 报告了 OLS 回归的结果。第一列结果显示管理层能力（*MA_ SCORE*）与公司参与收购活动的决策在 1%的水平上显著正相关（0.318，$t=1.838$），说明管理层能力较强的公司更愿意以并购的方式实现公司经营增长目标。第二列结果显示如果用管理层能力排名数据（*MA_ SCORE_ RANK*）进行回归，该结果依旧成立（0.268，$t=2.892$）。

表 3-5 并购趋势分析

变量	ACQ	ACQ
MA_ SCORE	0.318*	
	(1.838)	
MA_ SCORE_ RANK		0.268***
		(2.892)
SIZE	0.254***	0.253***
	(10.884)	(10.849)
LEVERAGE	-1.213***	-1.240***
	(-5.311)	(-5.443)
MB	0.022***	0.022***
	(4.729)	(4.660)
LIQUIDITY	-0.025	-0.040
	(-0.176)	(-0.280)
AGE	0.132***	0.132***
	(3.376)	(3.357)
ROA	0.480***	0.444***
	(4.250)	(3.957)
GROWTH	0.102***	0.098***
	(3.691)	(3.559)
Q	0.169	0.198
	(0.634)	(0.743)
CONSTANT	-2.214***	-2.374***
	(-3.931)	(-4.164)
OBSERVATIONS	14548	14548
R^2_ P	0.041	0.041

注：***、*代表在 1%、10%的水平上显著。

表 3-6 报告了管理层能力对于公司连续并购决策的影响程度，管理层能力和其相应排名的系数均为正，并在 10%水平上显著（0.568，$t=1.920$；0.272，$t=1.682$），这表明卓越的管理者更愿意选择连续并购。对于控制变量，公司规模（*SIZE*）与因变量之间显著正相关，杠杆率（*LEVERAGE*）的系数为负，以上结果与 Kravert 等（2012）的结论一致。

表 3-6 连续并购分析

变量	SERIAL	SERIAL
MA_ SCORE	0.568*	
	(1.920)	
MA_ SCORE_ RANK		0.272*
		(1.682)
AGE	0.621***	0.620***
	(9.730)	(9.729)
SIZE	0.503***	0.505***
	(14.513)	(14.526)
DIVIVDEND	0.140**	0.139*
	(1.960)	(1.953)
STOCK	-0.254*	-0.256*
	(-1.864)	(-1.873)
CASH	-0.427***	-0.429***
	(-5.878)	(-5.905)
LEVERAGE	-1.160***	-1.147***
	(-2.733)	(-2.702)
FCF	1.521***	1.552***
	(3.856)	(3.945)
MB	-0.018**	-0.018**
	(-2.020)	(-2.007)
Q	1.565***	1.550***
	(3.137)	(3.106)
GROWTH	-0.064*	-0.062
	(-1.667)	(-1.604)
EP	-0.224	-0.222
	(-1.122)	(-1.106)

续表

变量	*SERIAL*	*SERIAL*
ROE	-0.516**	-0.517**
	(-1.981)	(-1.985)
LIQUIDITY	-2.013***	-2.016***
	(-8.051)	(-8.060)
CONSTANT	-7.705***	-7.913***
	(-10.165)	(-10.346)
OBSERVATIONS	6818	6818
R^2_P	0.224	0.224

注：***、**、*代表在1%、5%、10%的水平上显著。

3.1.5 研究结论

本节考察了收购方公司的管理层能力对企业实现自我成长途径的影响以及作用方式。当今高速发展的社会里，企业利润随企业规模的扩大而增加的现象普遍存在，因此，为了迎合经济发展趋势以及抢占足够的市场份额，企业经常寻求快速增长的渠道（Moatti 等，2015）。内部增长和外部并购被认为是企业实现增长的两种主要方式。与内部增长相比，企业并购的显著优势体现在用时短和成本低两方面。在之前的研究中，学者们提出企业高层管理团队的能力在实现资源互补和协同效应方面起着关键作用。受其启发，本节认为管理层能力较强的收购方公司更有信心可以成功通过并购实现增长。借鉴 Demerjian 等（2012）研究，本节从资源利用的角度出发，通过衡量同行业内经理人对于资源的利用率以及创造利润的能力，将管理层能力进行量化。实证结果表明管理能力较强的经理人更愿意通过并购方式实现企业增长，此发现充分说明较高管理能力的经理人更能在实践中充分发挥其专业优势，及时对企业内部环境的变化做出调整，相对准确地评估潜在投资机会的价值，并运用累积的知识和经验合理控制风险以获取较高的回报率。本节首次通过并购分析了企业管理层能力对企业成长战略的作用。现存的研究没有对并购效果得到一致结果——早期研究中对于并购的态度主要分为两派，一些认为并购是源于管理者的过度自信，另一些学者认为并购是企业的最优增长策略。本节利用2001—2016年的并购数据系统地研究了管理层能力对公司并购决策的影响，帮助我们在未来更好地了解并购的潜在动机。

3.2 管理层能力与创新驱动型并购

3.2.1 问题的提出

在经济全球化及全面实施创新驱动发展战略的背景下，创新是企业增强竞争力与实现可持续发展的源泉，而自主创新与外部并购形成了企业获取知识和技术的主要方式。随着全球知识经济和信息技术的飞速发展，产品的生命周期日益缩短，企业以自身研发活动提升竞争力的方式，不能快速且完全有效地满足其发展需求。因此，在当今时代，新技术、新产品以及进入新市场的速度成为企业竞争力的主要衡量指标。在创新动机的驱使下，企业怀着通过并购方式快速吸取被并购方无形资产以巩固其现有市场地位的初衷，不断投身于并购浪潮中。随着并购活动的日益频繁，企业逐渐发现并购相较于自主创新，能为企业提供实现发展的“捷径”。传统的自主创新，其结果的不确定性和耗时较长的特征，使得企业面临的风险逐渐增加，也随之增加了不必要的机会成本。相比之下，并购则在协同效用和互补效应方面表现出色。Cassiman等（2005）认为并购可以从战略上节约时间成本，实现协同效应。Ozmel等（2017）将关注点聚焦在1980—2004年目标方为科技型企业的并购案例上，通过研究发现在科技领域内，对于同一目标公司而言，过去并购竞争对手的数量与成功并购该公司的可能性显著正相关，而当该领域内技术研发的不确定性越高或并购双方的技术差距越大时，正相关关系越显著，即呈现明显的互补效应。但是，企业并购也不是毫无风险的，企业在制定并购决策时，都希望能通过并购实现

“1+1>2”的效果，而在决策实际执行过程中，诸多不利因素，例如，信息不对称与委托代理冲突等问题都会造成投资回报率低下、整合失败、现金流紧张等不良后果。

作为企业投入要素中最重要的人力资源，管理层往往是企业资源配置的最终决策者，对企业拥有足够的控制权。大量已有研究发现企业管理层的个人特质会影响企业的决策和行为，管理层的行为受其能力的操控，作用于企业战略的选择过程中，进而体现在不同企业间的业绩差异上，最终影响企业未来的组织绩效和目标实现情况。另外，作为公司最重要的决策者和实施者，管理层还在一定程度上决定了公司未来的竞争态势，管理层能力的高低决定着企业是否能在激烈的市场竞争中生存下来。因此，管理层作为企业价值中不可或缺的投入要素，长期以来被看作决定企业业绩表现的主要因素之一（Holcomb 等，2009）。在管理学领域，管理层能力通常指的是经理人独有的知识、技巧和经验（Hitt 等，2007），包含专业水平、行业经验、个人资源在内的综合素质，以及管理者在面对各种复杂管理情况和事务时做出积极反应的能力。

从公司层面来看，有能力的管理者通过有效组合和利用公司资源，可以以较少的资源创造较大的价值。具体而言，能力强的企业管理者具有较高的资源获取和整理能力、能够更加准确地预测未来行业发展趋势、较好地把握市场的需求，并以此为基础合理分配资源、制定更合适的投资决策以获取更大的投资收益。

在早期的并购文献中，Aaronovitch 和 Sawyer（1975）提出，对于经济发展中的每个时期，公司整体的增长幅度与收购比例正相关，具体表现在：在多次并购浪潮中，无论是大型公司还是小型公司都在积极地参与并购活动。然而并购不是一蹴而就的交易，在并购活动中，从寻找合适的目标公司，获取其技术、营销以及其他相关信息，并购协商到最终签订并购合同整个过程都需要消耗公司大量的资源（Kumar，1985）。能力较强的管理者能通过其有效的管理手段和出色的专业知识选择最优的目标公司、协调公司的各种利益相关者以及将双方公司的资源有效地进行整合使其转变为新的生产能力和产出效率。通过管理层制定的各种管理策略帮助企业实现并购中的协同效应最大化、为企业创造更大的价值以及帮助企业强健有力持续成长。近期，众多学者从管理层个人能力角度出发，研究其与并购活动的关系，发现管理团队在公司并购决策的制定的过程中扮演核心角色（Betrand 和 Schoar，2003；Park，2003；Harding 和 Rovit，2004；Sitkin 和 Pablo，2004；Bao 和 Edmans，2007）。综上所述，本节试图研究企业管理层能力对企业并购战略的制定、目标公司的遴选以及交易中的支付方式等是否起到至关重要的影响。具体而言，本节将利用实证分析研究以下三个问题：①能力较强的管理者是否更倾向于选择成长性较高的目标公司作为并购对象？②众多学者提出收购方公司对被收购方公司的研发投入强度的敏感性与资产互补观点的核心理论相吻合，因此本节还将进一步探索收购方公司管理层能力与收购双方的相对研发强度之间是否存在相关关系。③进一步研究收购方对并购种类的偏好，即收购方更倾向于横向合并还是纵向合并。一些公司选择通过多样化合并的方式吸收对方公司的新产品，丰富自身的产品线，以追求更高的增长率。但也有一些公司选择专注于其目前所处的行业，通过横向合并的方式充分发挥知识优势以抢占更大的市场份额。总之，收购方对并购种类的决策反映了收购方公司对未来发展的规划（Gaur 等，2013）。

本研究的贡献如下：

第一，本节在已有并购绩效研究的基础上，考虑了收购方公司的增长状况以及其对目标公司的增长偏好。本节的发现部分证实了收购方和被收购方之间资产互补的观点。Kim 和 Finkelstein（2009）发现卓越的经理人更能通过并购活动帮助公司实现针对研发投入而言的资产的补充与扩张。本节的发现对此进行详细阐述：对于研发投入强度较低的公司，高强度研发投入的目标公司可以对其进行资源补充，在其发展中产生重要影响。此作用机制为公司通过并购活动实现协同效应的结论提供支持。

第二，本节通过关注管理层能力与收购方公司所选择的并购方式（横向收购或纵向收购）之间的关系，拓宽了学者未来对于并购方面的可研究方向。学者发现公司直接通过并购方式，即对横向收购或多样化收购的选择，向外界传递了其增长战略制定的相关信息（Gaur 等，2013；Moatti 等，2015）。企业通过多元化收购实现转型，将具有较高发展前景的产品作为其核心业务关注点，并通过延伸业务线的方式分散企业的经营和资本风险（Morck 等，1990）；而通过横向收购帮助自身减少行业内潜在的竞争风险，维持其领先的竞争优势（Prager，1992；Kim 和 Singal，1993）。本节研究证实了横向收购对于企业的积极影响，即具有卓越管理能力的高管团队更愿意利用其专业优势及行业经验，利用横向收购实现自身知识的积累和经营绩效的增长。

3.2.2 理论分析与假设提出

3.2.2.1 收购方公司的管理层能力是否会影响目标公司研发投入的选择偏好

国外学者 Williamson 早在 1975 年就提出了技术并购的概念，随后很多学者围绕技术并购展开了极为丰富的研究，并取得一系列研究成果。例如 Ahuja 和 Katila（2001）研究 72 家化学企业在 11 年内的并购行为发现，并购双方的技术知识基础对并购创新绩效有显著的影响。其中，并购方技术知识的绝对规模与企业并购后的创新绩效关系为显著正相关。Puranam 等（2003）研究技术型创业企业设立公司的收购即技术嫁接收购发现，技术并购对于企业持续创新能力的提升具有积极的作用。Hoberg 和 Phillips（2010）将产品市场协同效应视为并购决策的重要推动因素，其研究结论证实企业并购中资产互补理论的合理性（Rhodes-Kropf 和 Robinson，2008；Bena 和 Li，2014）。Sevilir 和 Tian（2012）研究发现，并购对公司未来专利水平、单个专利引用次数及企业后续创新均有显著的促进作用。

经典收购理论认为企业并购的本质是促进公司对资源的重新分配——从较低的利用效率提升到高利用效率（Klasa 和 Stegemoller，2007）。通过对其他公司的收购，企业可以迅速实现资产的累加，并充分利用其已有资产产生现金流（Margsiri 等，2008）。然而如何选择合适的目标公司，这一极具挑战性的问题需要多方面的考量和权衡。因此，经理人在对目标公司的资产价值进行衡量的过程中面临巨大的压力。Kim 和 Finkelstein（2009）指出单纯地通过并购活动扩大公司的资产规模并不能确保公司对资源利用效率的提升以及实现并购带来的超额收益。只有当目标公司的资产对收购方公司的规模来说足够显著时，收购方公司才可以在并购结束后快速提升其原有产能（Servaes，1991）。目标公司和收购方公司之间的协同效应的激发对管理层能力有严格的要求，从公司层面出发，只有能力强的管理层团队才能通过对资源的合理利用，实现用较少的资产创造较大价值的目标。具体来说，出色的管理团队依赖于其对未来发展的精准预测以及对市场变化的敏感度，制定适合公司发展并迎合宏观趋势的投资决策，进而提升回报率或通过培养新技能，从而弱化新兴科技产物对已有产品的威胁的方法帮助公司提升企业价值。Demerjian 等（2012）发现，相较于新任的管理者，经验丰富的管理者能够更精准地捕捉行业未来趋势、理解技术发展特点，高效管理公司资源，从而将投资目光聚集于更有价值的项目上。因此，本节认为管理能力高的团队更倾向于选择资产增长速率高的目标公司，并发现这种偏好在收购方公司和目标公司之间存在较大的互补空白时更为突出。

长期以来，学者们普遍认为企业并购的主要动机源于技术层面。对于公司内部而言，技术方面的创新与企业并购之间为相互替代的关系。Blonigen 和 Talyor（2000）指出，如果创新能力是企业并购的首要驱动条件，那么收购和研发投入之间可以相互替代。但相比企业内部创新而言，企业并购，作为一种外部提升企业创新能力的方式，可以帮助企业减少打开新市场所必需的门槛费用（Phillips 和 Zhdanov，2012）。Hoskisson 和 Busenitz（2002）进一步指出通过并购活动，收购者可以从公司层面对企业能力和资源进行整合，Cassiman 等（2005）认为，并购后的资源整合可以为企业带来技术规模效应和协同效应；Makri 等（2010）研究认为，当并购双方技术相似度较低而技术互补性较强时，并购会带来创新质量的提高；李宇等（2016）从并购双方技术差距的角度发现，技术并购对主并企业并购后的创新绩效起正向促进作用。因此，并购活动对研发投入强度较高的公司的未来发展极具价值。然而与此同时，收购方对被收购方研发投入的吸收情况与收购方公司自身的研发投入强度息息相关。如果收购方公司自身的研发投入已经处于较高水平，那么通过并购方式提升企业创新能力的效用将大大减少，因此为实现效用最大化，收购方公司的研发投入最好保持在一个相对均衡的水平（McGrath，1999；McGrath 和 MacMillan，2000）；否则，公司研发投入越多，公司并购后面临资源冗余风险的可能性越大。而当收购方公司的研发投入达到匹配标准后，研发投入增量将逐渐失去其原有价值（Uhlenbruck 等，2006）。根据上述讨论，本节将另选取相对研发投入作为研究指标，而非单独关注收购方或是被收购方的研发投入量。当收购方和被收购方之间存在较大的研发投入差距时，并购活动所带来的研发创新的提升效果将变得更为显著。由此提出假设 1：

H1：在其他条件相同的情况下，管理层能力强的收购方公司更愿意选择存在较大研发提升机会的公司作为收购对象。

3.2.2.2 收购方公司的管理层能力是否会通过影响收购方式进而影响公司增长策略

公司可以通过横向并购、纵向并购或混合并购的方式实现不同的增长目标。纵向并购，也叫垂直并购，是公司与供应商或客户之间的并购，通过与分处于生产和流通过程中不同阶段的企业整合，即收购在原料生产、供应和加工或产成品销售方面存在关联的企业的股份，达到加固与上下游企业的买卖关系的目的，进而延伸企业的产品线。混合并购则是指一家企业并购一个同自身产品性质完全不同的企业的行为。企业可以通过混合并购快速进入新的经营领域。横向并购的目标对象是生产与收购方产品类型相同的公司。收购方公司通过购买当前主营业务范围内的其他公司完成横向并购活动。并购完成后，收购方可以在更大的范围内实现专业化分工协作，使得产业结构更趋近合理，同时得益于规模经济效益，收购方可以在一定程度内提高产品利润，增强产品市场竞争力，最终实现提升企业价值的愿望。已有文献证实利用对公司已有业务熟悉程度的优势，公司可以通过横向收购更好地促进核心业务的发展，通过获取外部资源并对其重新部署分配（Capron 等，1998；Puranam 和 Srikanth，2007）的方式，增加市场份额并减少同行业竞争压力（Prager，1992；Kim 和 Singal，1993），从而提高运营效率并实现规模经济效益（Banerjee 和 Eckard，1988）。

在管理学上，根据不同公司和行业内知识的转移能力以及相关程度，管理层能力被分为公司层面的能力、行业层面的能力和整体层面的能力（Becker，1964；Castanias 和 Helfat，1991）。相较于整体层面的能力，行业层面能力的转移程度较低——当收购方公司和被收购方公司处于同一个行业时，管理层无须花费额外的时间去掌握行业层面的技能，因此高管团队能力的匹配度在同行业收购中相对较高。Stigler（1964）证实了管理层的监管成本在横向收购中较低的观点。Raman 等（2013）进一步指明因为高管团队更了解行业内经济发展情况以及运营过程中面临的主要风险，所以同行业收购更有利于充分发挥经理人之间信息共享的优势。通过横向收购，企业可以增强其在行业内的声誉并实现规模经济效应（Nayyar，1993），除此之外，企业可以通过控制投入产出效率追求企业价值最大化（Carpron，1999）。鉴于管理人员对同领域业务经验和能力的累积程度，横向收购可以在弥补企业资产配置不足的同时，提高企业的市场份额，从而增强了企业的竞争能力；并且在收购相关公司后，收购方公司极有可能因为双方在产品生产线上存在重叠现象而节约成本，从而增强盈利能力（Harding 和 Rovit，2004；Megginson 等，2003；Singh 和 Montgomery，1987）。因此与其他种类的收购活动相比，横向收购更有可能协助收购方发挥经营管理上的协同效应——采用更先进的技术、进行更深入的专业分工，以形成集约化经营，实现更高的回报率。由此提出相关假设 2：

H2：在其他条件相同的情况下，具有较强管理层能力的收购方公司倾向于横向收购。

3.2.3 研究设计

鉴于现有文献对于影响收购因素的分析，本节控制了公司规模、杠杆率、市价比率和流动性（Lang 等，1989；Morck 等，1990；Moeller 等，2004；Harford，2005；Dong 等，2006）。本节用资产的自然对数作为衡量公司规模（*SIZE*）的指标，用总负债与总资产的比率衡量杠杆率（*LEVERAGE*）情况，用市场价值与账面价值的比率衡量市价比（*MB*），用现金和短期投资与总资产的比值衡量流动性（*LIQUIDITY*）。同时将观察值的时间跨度设定为截至收购发生年份的前一年。除此之外，本节采用 Fama-French 48 行业分类标准控制行业和年度的固定效应。

在检验假设 1（H1）时，本节以收购年之前的五年内被收购方的资产增长情况为标准判断目标公司的成长类型（Cooper 等，2008）对目标公司的资产增长率降序排列，用虚拟变量 *TAT_ DUMMY* 表示目标公司的成长状况（位于前 30%的公司，*TAT_ DUMMY* 取值为 1，反之为 0）。本节遵循 Palepu（1986）、Ambrose 和 Megginson（1992）的方法选择控制变量，其文献提及公司规模，市价比和市盈率会影响公司成为目标对象的可能，并表明企业的增长情况和财务状态也会影响其成为目标公司的可能。因此本节在模型中加入 *TGROWTH*，*TLIQUIDITY* 和 *TLEVERAGE*。$\beta_1>0$ 支持假设 1（H1），即对于管理层能力高的收购方公司，更倾向于选择高资产增长率的公司作为目标公司。具体回归模型如下：

$$\mathrm{Log}(TAT\_DUMMY=0/1)=\alpha+\beta_1 MA\_SCORE/MA\_SCORE\_RANK+\beta_2 TSIZE+\beta_3 TROE+\beta_4 TLIQUIDITY+\beta_5 TMB+\beta_6 TGROWTH+\beta_7 TLEVERAGE+\beta_8 TEPS+\varepsilon \tag{3-3}$$

在检验收购方公司管理层能力对目标公司的研发投入选择的影响时，本节使用收购者的研发强度相对于目标公司的研发强度来表示收购者和目标公司之间的研发差距。由于本回归的目的是测试管理层对于目标公司的研发投入强度的偏好，所以目标公司必须具有非零的研发价值。因此只保留了研发投入大于零的观测值。位于样本前 30%的公司的研发投入强度

（*RELATIVE_ R&D*）取值为 1，否则为 0。如果 $\beta_1>0$，则实证结果与假设 1（H1）的预期相符：

$$\text{Logit}(RELATIVE\_R\&D=0/1)=\alpha+\beta_1 MA\_SCORE/MA\_SCORE\_RANK+\beta_2 TSIZE+\beta_3 TROE+\beta_4 TLIQUIDITY+\beta_5 TMB+\beta_6 TGROWTH+\beta_7 TLEVERAGE+\beta_8 TEPS+\varepsilon \tag{3-4}$$

本节使用两位 SIC 代码作为衡量行业是否相同的标准，进而判断是否发生横向并购行为。Raman 等（2013）、Castanias 和 Helfat（1991）的研究表明，对于经理人而言，相比学习基本的管理能力，掌握行业或公司层面知识的过程更困难。本节运用下述模型验证假设 2（H2），$\beta_1>0$ 说明实证结果在一定程度上支持我们的预期：

$$\text{Logit}(HORIZON=0/1)=\alpha+\beta_1 MA\_SCORE/MA\_SCORE\_RANK+\beta_2 SIZE+\beta_3 LEVERAGE+\beta_4 fcf+\beta_5 MB+\beta_6 Q+\beta_7 GROWTH+\beta_8 EP+\beta_9 ROE+\beta_{10} LIQUIDITY+\beta_{11} STOCK+\beta_{12} DEAL\_VALUE+\varepsilon \tag{3-5}$$

实证分析当中用到的变量定义，如表 3-7 所示。

表 3-7　变量定义表

变量名称	变量定义
管理层能力	
MA_ SCORE	Demerjian 等（2012）创建的管理层能力指标
MA_ SCORE_ RANK	以 Demerjian 等（2012）创建的管理层能力指标为标准进行升序排列后的排名
被解释变量	
TAT_ DUMMY	哑变量，若当年目标公司的资产增长率位于前 30%，则为 1，否则取值为 0
RELATIVE_ R&D	哑变量，若收购者的研发强度相对于目标公司的研发强度位于前 30%，则取值为 1，否则取值为 0
HORIZON	哑变量，若收购方与目标公司的 SIC 前两位相同，则认为是横向并购，取值为 1，否则取值为 0
被收购方特征	
TSIZE	被收购方公司在并购前一年的会计年度报告中的总资产数额的对数

续表

变量名称	变量定义
TLEVERAGE	被收购方公司在并购前一年会计年度报告中的长期负债和短期负债的加总值除以公司总资产
TMB	被收购方公司在并购前一年会计年度报告中的流通股市值与账面价值的比值
TLIQUIDITY	被收购方公司在并购前一年会计年度报告中的流动性资产占总资产的比例
TROE	被收购方公司在并购前一年的净资产收益率
TGROWTH	被收购方公司在并购前一年的销售收入增长率
TEPS	被收购方公司在并购前一年的每股收益
并购方特征	
SIZE	收购方公司在并购前一年的会计年度报告中的总资产数额的对数
LEVERAGE	收购方公司在并购前一年会计年度报告中的长期负债和短期负债的加总值除以公司总资产
MB	收购方公司在并购前一年会计年度报告中的流通股市值与账面价值的比值
LIQUIDITY	收购方公司在并购前一年会计年度报告中的流动性资产占总资产的比例
FCF	哑变量，若收购方公司在并购前一年的自由现金流为非负值，则赋值为 1，否则赋值为 0
Q	收购方公司在并购前一年的托宾 Q 值
GROWTH	收购方公司在并购前一年的销售收入增长率
EP	收购方公司在并购前一年的每股收益
ROE	收购方公司在并购前一年的净资产收益率
并购特征	
STOCK	哑变量，若收购方全部以股权进行支付，则取值为 1，否则取值为 0
DEAL_ VALUE	并购的规模，取值为合约总价值的对数

3.2.4 实证结果与分析

3.2.4.1 描述性统计

表3-8呈现了基于不同回归模型的管理层能力和控制变量的描述性统计。A组是对目标公司的资产增长和其他控制变量的描述性统计，样本包含1036例并购交易，其中收购方管理层能力介于-0.397~0.519之间。B组展示的为横向并购研究，即模型（3-5）中样本的描述性统计的结果，相关数据显示：本节样本中51.6%的公司选择横向收购而非多元化收购，且针对假设2（H2）的8369起并购案，管理层能力的最小值（最大值）为-0.382（0.411）。

表3-8 描述性统计

变量	样本量	均值	最小值	Q1	中位数	Q3	最大值	标准差
A组：目标公司成长性选择								
MA_ SCORE	1036	0.020	-0.397	-0.074	0.008	0.109	0.519	0.143
MA_ SCORE_ RANK	1036	0.602	0.100	0.400	0.600	0.800	1.000	0.270
TAT_ DUMMY	1036	0.295	0.000	0.000	0.000	1.000	1.000	0.456
TSIZE	1036	11.770	1.009	2.734	4.612	9.227	340.800	31.860
TROE	1036	16.520	0.380	7.250	12.650	19.640	166.000	17.690
TLIQUIDITY	1036	13.640	0.003	1.055	4.410	14.040	165.800	24.780
TMB	1036	4.151	1.000	2.000	2.000	4.000	62.000	6.149
TGROWTH	1036	0.361	0.000	0.135	0.227	0.360	18.880	0.772
TLEVERAGE	1036	0.616	0.000	0.090	0.325	0.700	8.600	0.990
TEPS	1036	1.021	-0.600	0.285	0.780	1.390	6.730	1.085
B组：横向并购								
MA_ SCORE	8369	0.004	-0.382	-0.090	-0.006	0.089	0.411	0.148
MA_ SCORE_ RANK	8369	0.569	0.100	0.300	0.600	0.800	1.000	0.275

续表

变量	样本量	均值	最小值	Q1	中位数	Q3	最大值	标准差
HORIZON	8369	0.516	0.000	0.000	1.000	1.000	1.000	0.500
SIZE	8369	6.311	2.252	4.963	6.265	7.582	11.640	1.910
LEVERAGE	8369	0.366	0.055	0.215	0.355	0.492	0.988	0.187
FCF	8369	0.020	-0.579	-0.002	0.046	0.086	0.245	0.131
MB	8369	3.746	0.000	1.492	2.349	3.886	38.610	4.983
Q	8369	0.173	0.000	0.003	0.135	0.286	0.806	0.177
GROWTH	8369	0.205	-0.947	0.000	0.089	0.233	6.294	0.741
EP	8369	0.004	-0.933	0.004	0.040	0.064	0.202	0.157
ROE	8369	0.029	-1.013	0.004	0.051	0.091	0.781	0.187
LIQUIDITY	8369	0.367	0.032	0.185	0.322	0.524	0.898	0.227
STOCK	8369	0.059	0.000	0.000	0.000	0.000	1.000	0.235
DEAL_ VALUE	8369	292.400	0.500	10.500	40.000	170.000	7591.000	898.900

3.2.4.2 相关性分析

本节对所研究的主要变量进行了 Pearson 相关性分析，以排除变量之间多重共线性问题，从而保证参数估计的有效性，分析结果如表 3-9 所示。A 组结果显示 *TAT_ DUMMY* 与 *MA_ SCORE*、*MA_ SCORE_ RANK* 之间为正相关关系，这意味着优秀的管理者更青睐于高增长的目标公司。如 B 组所示，收购方公司的管理层能力（*MA_ SCORE/MA_ SCORE_ RANK*）与企业选择横向并购的可能性（*HORIZON*）显著正向相关，表明当收购方公司的管理团队具有更丰富的运营经验和专业知识时，公司更愿意通过横向收购的方式提升已有业绩，实现企业价值的提升。相关性分析的结果初步证实了本节的假设。

表 3-9　相关性分析

A 组：目标公司成长性选择

	MA_ SCORE	*MA_ SCORE_ RANK*	*TAT_ DUMMY*	*TSIZE*	*TROE*	*TLIQUIDITY*	*TMB*	*TGROWTH*	*TLEVERAGE*	*TEPS*
MA_ SCORE	1.000									
MA_ SCORE_ RANK	0.905***	1.000								
TAT_ DUMMY	0.101***	0.082***	1.000							
TSIZE	0.015	0.033	-0.073**	1.000						
TROE	0.143***	0.149***	-0.017	0.633***	1.000					
TLIQUIDITY	0.006	-0.032	-0.007	-0.127***	-0.123***	1.000				
TMB	0.062**	0.078**	0.000	0.806***	0.479***	-0.165***	1.000			
TGROWTH	-0.047	-0.036	0.162***	-0.018	-0.018	-0.015	0.012	1.000		
TLEVERAGE	-0.047	-0.024	-0.054*	0.601***	0.489***	-0.125***	0.322***	-0.040	1.000	
TEPS	0.106***	0.116***	0.009	-0.011	0.254***	0.117***	-0.060*	-0.060*	0.042	1.000

注：***、**、* 代表在 1%、5%、10%的水平上显著。

B组：横向并购

	MA_ SCORE	MA_ SCORE_ RANK	HORIZON	SIZE	LEVERAGE	FCF	MB	Q	GROWTH	EP	ROE	LIQUIDITY	STOCK	DEAL_ VALUE
MA_ SCORE	1.000													
MA_ SCORE_ RANK	0.917***	1.000												
HORIZON	0.050***	0.043***	1.000											
SIZE	0.104***	0.073***	0.054***	1.000										
LEVERAGE	0.041***	0.041***	0.006	0.266***	1.000									
FCF	0.310***	0.299***	0.065***	0.287***	0.002	1.000								
MB	0.044***	0.063***	-0.027**	-0.070***	0.165***	-0.103***	1.000							
Q	-0.036***	-0.037***	0.007	0.321***	0.804***	-0.046***	0.075***	1.000						
GROWTH	0.184***	0.164***	-0.028***	0.004	0.085***	0.094***	0.074***	0.030***	1.000					
EP	0.237***	0.227***	0.044***	0.237***	-0.003	0.510***	-0.012	0.009	0.067***	1.000				
ROE	0.254***	0.241***	0.064***	0.262***	0.014	0.601***	-0.088***	0.005	0.065***	0.595***	1.000			
LIQUIDITY	0.029***	0.044***	-0.053***	-0.444***	-0.350***	-0.111***	0.195***	-0.529***	-0.006	-0.141***	-0.125***	1.000		
STOCK	-0.071***	-0.056***	-0.089***	-0.156***	-0.020*	-0.227***	0.172***	-0.034***	-0.007	-0.176***	-0.184***	0.127***	1.000	
DEAL_ VALUE	0.048***	0.034***	0.074***	0.413***	0.085***	0.083***	0.044***	0.103***	0.002	0.074***	0.079***	-0.156***	0.025**	1.000

注：***、**、*代表在1%、5%、10%的水平上显著。

3.2.4.3 均值差异

表3-10总结了企业管理层能力基于不同目标公司以及并购种类的基本均值差异，由此初步确定收购方公司的管理层能力是否会影响公司的并购偏好。A组测试成长型和非成长型的目标公司之间管理层能力的差异。管理层能力指标（*MA_ SCORE/MA_ SCORE_ RANK*）的平均差异为-0.032和-0.049，且在1%水平上显著。这表明有能力的管理者更倾向于收购成长性较高的目标公司。B组是对横向收购与多元化收购方公司的管理层能力的平均差异测试。负显著性结果表明更有能力的经理偏好于横向收购。整体来说，均值差异检验支持了本节的假设，即收购方公司的管理层能力的差异体现在其对目标公司在成长特征以及研发投入的偏好，以及对并购方式的选择上。

表3-10 均值检验

A组：目标公司成长性					
变量	*TAT_ DUMMY*=0	均值	*TAT_ DUMMY*=1	均值	差异
MA_ SCORE	730	0.011	306	0.042	-0.032***
MA_ SCORE_ RANK	730	0.588	306	0.637	-0.049***
B组：横向并购					
变量	*HORIZON*=0	均值	*HORIZON*=1	均值	差异
MA_ SCORE	4054	-0.004	4315	0.011	-0.015***
MA_ SCORE_ RANK	4054	0.557	4315	0.580	-0.023***

注：***代表在1%的水平上显著。

3.2.4.4 收购方公司的管理层能力和并购行为

3.2.4.4.1 收购方公司的管理层能力和其对目标公司资产增长的选择偏好

本节试图通过模型（3-3）阐述管理层能力对目标公司资产增长的选择倾向。首先对全样本进行回归，表3-11的结果呈现了收购方公司管理层能力与目标资产增长之间的关系：*MA_ SCORE*和*MA_ SCORE_ RANK*的系数均为正数且在1%的水平上显著（1.613，$t=2.693$；0.622，$t=1.981$），与假设1（H1）的预期相符，表明出色的管理层团队对高资产增长率的公司的倾向，希望通过并购减少冗余并最大化公司的资源利用效率。除此之外，回归中控制变量对因变量的影响方向与先前的文献相吻合（Palepu，1986；Ambrose 和 Megginson，1992）。

表 3-11 收购方公司的管理层能力和其对目标公司资产增长的选择偏好

变量	*TAG_ DUMMY*	*TAG_ DUMMY*
MA_ SCORE	1.613***	
	(2.693)	
MA_ SCORE_ RANK		0.622**
		(1.981)
TSIZE	-0.078***	-0.078***
	(-3.463)	(-3.456)
TROE	0.008	0.009
	(0.998)	(1.160)
TLIQUIDITY	-0.000	-0.000
	(-0.137)	(-0.034)
TMB	0.177***	0.178***
	(3.709)	(3.706)
TGROWTH	0.988***	0.963***
	(2.934)	(2.909)
TLEVERAGE	0.282**	0.272**
	(2.213)	(2.159)
TEPS	0.032	0.030
	(0.390)	(0.372)
PRIOR_ ACQ	1.860**	1.769**
	(2.262)	(2.046)
CONSTANT	-0.933	-1.325
	(-1.013)	(-1.406)
OBSERVATIONS	1036	1036
R^2_ *P*	0.093	0.089

注：***、**代表在1%、5%的水平上显著。

3.2.4.4.2 收购方公司的管理层能力和其对目标公司研发投入的选择偏好

为了深入分析收购者和被收购者之间的互补问题，本节量化了收购方公司的管理层能力和收购方和目标公司之间的相对研发差距之间的关系。根据先前的文献，研发是企业并购活动中相对核心的资源，因此并购通常被视为企业内部创新的替代活动（Bena 和 Li，2014；Cassiman 和 Veugeler，2006）。基于上述理论框架，本节以收购者和目标公司的研发投入的相对值为主要研究指标进一步检验第一个假设（H1）。结果如表 3-12 所示，第 1 列的 *MA_ SCORE* 的系数显著为正（0.917，t=1.916）。当用管理层能力排名（*MA_ SCORE_ RANK*）进行回归时，结果与第一列结果相似。尽管样本选择的限制导致收购方公司和被收购方公司的研发投入相对值样本数量足够庞大，但此结果仍然可以为假设（H1）提供支持，即有能力的管理者有充足的意愿选择与收购方公司存在较大研发投入差距的公司作为目标对象，以实现资源互补，完善公司现有架构体系。

表 3-12　收购方公司的管理层能力和其对目标公司研发投入的选择偏好

变量	*RELATIVE_ R&D*	*RELATIVE_ R&D*
MA_ SCORE	0.917*	
	(1.916)	
MA_ SCORE_ RANK		0.754**
		(2.003)
TSIZE	0.001	0.001
	(0.127)	(0.148)
TROE	-0.010	-0.011
	(-1.466)	(-1.552)
TLIQUIDITY	-0.002	-0.002
	(-0.387)	(-0.309)
TMB	0.001	-0.001
	(0.021)	(-0.019)
TGROWTH	-0.096	-0.090
	(-0.363)	(-0.335)
TLEVERAGE	0.455**	0.465**
	(1.990)	(2.040)
TEPS	-0.100	-0.114

续表

变量	*RELATIVE_ R&D*	*RELATIVE_ R&D*
	(-1.059)	(-1.145)
CONSTANT	-0.785***	-1.206***
	(-3.116)	(-4.131)
OBSERVATIONS	508	508
R^2_ *P*	0.023	0.027

注：***、**、*代表在 1%、5%、10%的水平上显著。

3.2.4.4.3 收购方公司的管理层能力和收购方式

本节通过探索收购方公司的管理层能力与其并购方式的关联，证实高管团队的知识和经验在公司决策和运营活动中的重要作用。企业通过行业间或行业内合并实现不同方向的增长目标。表 3-13 中的第 1 列显示管理层能力（*MA_ SCORE*）的系数为正并且在 5%水平显著（0.411，$t=2.066$），支持本节的第二个假设（H2），即管理层能力较强的收购方公司更有可能从事横向收购。与此同时，管理层能力排名（*MA_ SCORE_ RANK*）的回归结果仍然为正但不显著。

表 3-13 管理层能力与横向并购

变量	*HORIZON*	*HORIZON*
MA_ SCORE	0.411**	
	(2.066)	
MA_ SCORE_ RANK		0.144
		(1.344)
SIZE	-0.011	-0.010
	(-0.544)	(-0.499)
LEVERAGE	0.184	0.212
	(0.650)	(0.753)
FCF	0.923***	0.966***
	(3.207)	(3.357)
MB	-0.005	-0.004
	(-0.785)	(-0.756)

续表

变量	HORIZON	HORIZON
Q	-0.518	-0.545*
	(-1.591)	(-1.678)
GROWTH	-0.141***	-0.136***
	(-3.993)	(-3.882)
EP	-0.127	-0.119
	(-0.611)	(-0.573)
ROE	0.148	0.153
	(0.788)	(0.810)
LIQUIDITY	0.283*	0.293*
	(1.666)	(1.722)
STOCK	-0.706***	-0.706***
	(-6.304)	(-6.305)
DEAL_ VALUE	0.000***	0.000***
	(4.565)	(4.579)
CONSTANT	0.440	0.312
	(0.949)	(0.673)
OBSERVATIONS	8369	8369
R^2_ P	0.131	0.131

注：***、**、*代表在1%、5%、10%的水平上显著。

3.2.5 研究结论

管理层能力是管理团队中个体成员的知识，技能和经验有机结合的产物。优秀的管理人员通过并购促进资产的重新分配，用较少的成本使企业达到对资源最优的利用。通过收购其他业务，出色的管理人员可以更好地利用整合后的资源，尽可能多地实现企业资源互补。本节研究结果表明，有能力的收购者更愿意选择高资产增长率的公司作为目标。并购除了可以优化公司现有产品线外，也可以通过吸收被并购企业的无形资产的手段提升企业的创新能力。因此本节用企业的研发投入为指标衡量企业管理层对并购的偏好，发现优秀的管理者倾向于收购与本公司在研发投入方面存在较大差异的公司，以达到激发内部创新性的目的。在此基础上，本节进一步研究了管理层能力对公司并购方式的选择偏好——集中关注企业对横向收购或多元化收购的倾向。横向收购可以帮助企业实现规模经济，增大其产品的市场份额，以此提高运营效率进而创造价值。而多元化收购可以帮助企业以较低的成本进入尚未开发的市场，分散单一产业链所带来的经营风险，实现利润最大化。结果表明，优秀的管理者倾向于利用自己的专业优势进行横向并购，以此帮助企业提升业绩。

由此可见，管理层能力是企业并购活动中的主导因素。对于未来的研究方向，本节有以下两个建议：一是继续深入探索企业战略增长差异的其他潜在驱动因素。二是在综合考虑内部增长和收购活动的基础上，分析管理能力对企业增长战略的整体影响。

3.3 管理层能力对企业并购绩效的作用探究

3.3.1 问题的提出

本节将重点介绍收购方公司的管理层能力与并购后企业绩效之间的关系。并购（M&A）作为企业一项非常重要的投资策略，对促进企业成长和加强竞争优势起到举足轻重的作用。据商务部统计，2016 年中国企业共完成了 765 起并购项目，实际交易总额达到 1353.3 亿美元，且将对外投资范围扩展到 74 个国家（地区）。并购在商业实践中的受欢迎程度引发学者们的深思——并购能否从真正意义上为企业创造价值？一方面，企业可以通过并购来增强自身的市场竞争力，抢占更多的市场份额，从而改善公司的绩效；但是，另一方面，企业所做出的并购决策往往会受到诸多不利因素的影响，如信息不对称、与目标公司协商失败等问题，一系列的挑战会阻碍公司高管团队对有效投资机会的识别，导致投资回报率低下进而降低了资金的利用效率。针对上述的理论观点，对收购持有积极态度的学者认为并购可以帮助公司实现协同效应和规模经济效应，进而提升企业价值，最终增加收购方公司股东的财富（Tuch 和 O'Sullivan，2007；Vaara，2002）。尽管如此，截至目前，对于公司收购后的业绩表现，现有文献一直未能提供具有足够说服力的证据以证明公司在完成收购后呈现出积极的业绩指标，即公司股东的价值会显著增加。相反，众多的研究结果表明，并购通常只会为收购方公司带来短暂的差额回报，甚至是负的超额收益。Agrawal 和 Jaffe（2000）发现收购结束后，公司的超额收益为负或与零无显著差异。在近期对并购后公司的业绩表现进行的荟萃分析中（Meta-analysis）中，King 等（2004）、Tuch 和 O'Sullivan（2007）发现并购不仅不能为企业带来良好的财务绩效，而且从长期来看并购反而会对公司的经营情况会产生负面影响。值得注意的是，这些研究都在强调公司收购后的业绩差异之谜——约 40%的收购方公司在完成收购后的 2~3 年内实现了高额收益，约 50%的收购方公司则表现出亏损的状态，但目前并没有大量的文献针对并购对收购方公司造成的业绩影响这一话题进行深入剖析。随着收购案例数量的激增，收购方绩效的不确定性促使学者进一步研究影响并购成功或失败的内在决定性因素。

随着心理学、行为科学、社会学以及财务会计等学科的交互融合，人们开始将高管的特征引入财务会计领域。从管理学角度来看，管理能力是指公司经理所拥有的知识、技能和经验水平（Hitt 等，2007）。Holcomb 等（2009）从公司资源利用角度出发解释了不同公司之间的业绩差异与企业资源投入之间的关系。由此可见，高层管理团队的能力是企业价值创造的重要来源。并购作为企业战略层面的一项高风险性投资活动，对企业管理层提出了更高的要求。一般而言，有能力的管理者能通过对企业资源的有效利用，从有限的资源中创造更大的价值。具体来说，在收购活动中，能力卓越的管理者在收购前确定合适的目标公司以及收购后进行的管理变革和整合过程中发挥着战略性作用。通过收购为公司带来最大化的协同效应，有效提升企业收购后的各项业绩。总而言之，具有卓越管理能力的高管团队可以帮助企业借助并购活动实现较高的运营目标以稳固其竞争优势。

King 等（2004）在对 93 篇并购绩效相关的文献进行荟萃分析后，发现企业并购后的绩效差异依然受到许多未发现因素的影响，同时建议在未来的研究中可进一步挖掘潜在的影响并购绩效和并购协同作用的因素。因此，本节以较新的管理层能力为切入点，主要对比管理层能力较弱的公司和管理层能力较强的公司在收购后的经营表现差异，探索卓越的管理层是否可以在长期内帮助收购方公司取得更好的股票收益和财务绩效。

早期关于管理层能力方面的研究主要采用较为间接衡量的方式，如高管的个人特征——CEO 薪酬、CEO 任期和 CEO 教育背景等（Chikh 和 Filbien，2011；Walters 等，2007）。但这些指标主要反映 CEO 个体能力，而非关注整个高层团队的管理能力。Bertrand 和 Schoar（2003）认为管理能力（MA）是隐形的，很难直接观察，同时指出先前文献对管理层能力的测量方法是带有噪声的，因为 CEO 个体特征不能全面地反映管理团队管理能力的有效性。经过学者们的不断探索，近期一些管理科学文献开始利用基于资源利用效率的分析方法来测量管理能力，或是采用数据包络分析（DEA）方法来衡量高管团队的管理质量。Demerjian 等（2012）基于管理者的贡献率提出了对其能力衡量的新方法，并在其中区分了经理人效率和公司层面效率。本节仿照 Demerjian 等（2012）的方法对管理层能力进行量化，以此研究并购完成后，管理层能力是否能促进公司的股票回报率和财务绩效的良好发展。

本节以 2001—2012 年美国境内发生的并购案例为样本，通过对主要变量的回归，得到如下主要结论：第一，对于吸收了较多管理人才的公司而言，并购后的股票回报率在长期内表现较好。第二，在并购后的第一、第二、第三年内，管理层能力较强的收购方公司在财务表现方面显著优于管理层能力弱的收购方公司。第三，具有杰出管理能力的高管团队更倾向于以现金方式而非股票方式支付并购金额。以现金支付并购对价通常被视为并购方对目标公司有十足的了解，对目标公司有能力进行合理估价的信号。以上结论说明，能力强的高管人员有更全面的渠道去了解其目标公司，充分了解对方的竞争优势以及经营风险，并凭借着丰富的专业知识预测和及时处理并购过程中的挑战以追求协同效用的最大化。除此之外，本节还发现，管理层能力对公司并购后的收益率以及财务指标的积极影响在横向并购或是连续并购的条件下更为显著。在稳健性检验中，本节以行业、公司生命周期和公司规模为标准对样本进行匹配，进而构建高管理层能力和低管理层能力两个子样本。通过对两个子样本的对比，为已经得出的结论提供进一步的实证支持。同时，本节还使用不同的基准或复合方法计算公司的长期表现替代主回归变量，结果与上述结论保持一致。总体而言，管理层能力可以帮助公司通过并购改善长期业绩，并在协同作用的发挥中扮演至关重要的角色。

本节从多方面对现有文献做出了贡献：首先，它扩展了关于管理层能力对提高收购绩效的重要性的文献，通过使用更直接和更全面的方法来衡量管理团队的质量，为管理层能力在当代企业中的重要性提供了有利的证据支持——管理层不仅可以缓解代理问题，在一定程度上减少公司内外部之间的信息不对称问题，还可以利用其专业知识追求企业表现最优化以及资源利用效率最大化。管理层是公司活动的决策者和执行者，因此其能力是整合组织资源和弱化并购后人员或文化冲突的关键因素（Bertrand 和 Schoar，2003；Holcomb 等，2009）。根据已收集的文献情况来看，本节是第一篇通过实证研究分析收购方公司的管理层能力与长期并购绩效之间关系的文章。已有研究表明，收购过程所创造的价值在很大程度上受到收购者和被收购者之间潜在的战略契合程度的影响（Kim 和 Finkelstein，2009；Pablo，1994）。受其启发，本节预测收购方公司的管理层能力对公司收购后的长期业绩表现起到促进作用，并通过实证分析肯定了管理层在并购后的协同效益方面所发挥的关键作用。

其次，本节为并购绩效研究中一个无法解释的现象——不同公司所表现的并购后业绩差异问题提供了部分说明。并购完成后，一些收购方公司表现出正的回报收益，而一些公司却遭受负面影响（Cartwright 和 Schoenberg，2006）。King 等（2004）根据公司收购后的业绩表现进行了荟萃分析，发现业绩异质性在一定程度上受到目前为止仍未能识别的因素的影响。本节回归结果表明，对于收购方公司而言，卓越的管理能力更有可能对收购后的业绩产生积极的影响，而且管理能力较弱的经理人很难帮助公司在并购中实现协同效应。因此本节填补了已有研究中对此领域的识别空白，并为收购方公司管理层能力对公司业绩的作用提供了重要证据。

再次，本节为管理层能力与并购支付方式的关系提供了独特的见解。收购方公司选择支付交易金额的方式受到了并购学者的极大关注（Amihud等，1990；Faccio和Masulis，2005）。对此，本节的观点是，高能力的管理层对公司的业务和目标有更清晰的了解，进而更愿意使用现金完成其收购，因为现金支付方式可以在保护收购方公司股东的利益的前提下，实现公司的预期收益。

最后，本节发现管理层的能力在不同的收购环境中的表现是不同的。多元化收购和横向收购的差异一直是此领域的研究焦点，然而近期研究逐渐开始关注企业连续收购行为。基于此，本节发现并购环境会对管理层能力和企业并购的表现间的关联强度产生影响。总之，本节从管理层能力角度出发分析企业的并购绩效，从而为企业并购因素间的交互影响提出更透彻的理解。

3.3.2 理论分析与假设提出

3.3.2.1 收购方公司的管理层能力和收购后的收益

公司的高层管理团队，包括CEO和其他高级管理人员，是决定公司战略和业务绩效的关键因素之一。高层管理人员希望通过最大化并购所带来的协同效应，从而提高公司的业绩（Certo等，2006）。但是对于能力较低的管理人员而言，并购是一个复杂而且涉及动态整合的过程，因此往往很难达到预期效果，而收购失败的原因包括管理团队对目标公司的不恰当评估，收购后所面临的巨额债务，或是不合理的整合方案等（Hitt等，2007；Vasilaki和O'Regan，2008）。以上情景说明能力较低的管理团队无法充分考虑并购过程中的每一个潜在问题。除此之外，公司的投资、融资或其他战略决策均能体现出管理层能力的高低。优秀的管理团队能够帮助企业充分挖掘尚未开发且具有价值的资源，做出正确的投资决策并提升企业的绩效和价值（Bertrand 和 Schoar，2003）。并购作为公司一项高风险的价值创造活动，成功的并购会对企业价值产生重大的积极影响，而管理层能力与并购的成败密切相关（Chikh 和 Filbien，2011）。能力强的管理人员具有卓越的知识、技能和经验，进而能够更有效地收集上市公司信息，识别合适的目标公司，选择有价值的资源并提出对收购方公司有利的条件（Chikh 和 Filbien，2011；Holcomb 等，2009；Makadok，2001）。因此如果收购方公司的管理层能力较强，公司在完成并购后会呈现出优异的经营业绩。

虽然有能力的管理者能为公司创造价值，但过度自信的经理人也可能会因为并购而损害公司利益。研究发现自信心过强的管理者可能会过于乐观地预估协同效应，错误识别并购机会，进而选择有损企业价值的投资项目，对公司并购后的回报率产生负面影响（Malmendier 和 Tate，2005；Roll，1986）。现有关于管理层能力对并购绩效影响的研究主要关注 CEO 的个人特质，如 Datta 等（2005）发现，CEO 的高股权薪酬和收购方并购后的业绩之间呈现显著的正相关关系。Walters 等（2007）用 CEO 任职期限衡量高管能力，并发现完成收购后，公司的业绩先增加随后下降。Walters 等（2007）的结论与 CEO 任期的生命周期理论相符，说明 CEO 往往通过丰富自己的专业知识和经验来寻求较长的任职年限，但其学习动力在任职后期开始下降。Chikh 和 Filbien（2011）以公司两职合一、持股情况以及 CEO 教育背景分析为标准度量管理层能力的高低，并用此指标研究管理层特征对法国并购案例中公司收购后业绩的影响，最终发现两职合一、较高的控制权以及经验丰富的 CEO 更加关心投资者对于企业并购的反应，当公司开始出现负收益率时，高管会立刻终止交易。因此，如果一家公司的高管团队关注投资者反应，那么这家公司收购后的长期回报率会随之增加。然而有广阔社交网的 CEO 却很少关注投资者的反应，因为其人际关系可以帮助他们高效地获取幕后信息。以上研究均证实了 CEO 的特征和收购后公司业绩间存在隐性关系。

Bertrand 和 Schoar（2003）将研究对象扩展到其他高级管理人员，并提供证据表明除了 CEO 和 CFO，管理团队中其他成员的管理能力也对并购绩效做出了显著的积极贡献。在管理层团队能力的衡量目标范围中加入其他高级经理人后，所得出的管理层能力指标对收购后公司的业绩变化的解释程度（R^2）增加了 11%。这说明不仅 CEO 和 CFO，整个团队的管理能力对并购后的公司业绩也至关重要。

基于上述理论分析得出收购方公司拥有的管理层能力水平（即高层管理团队的战略知识，技能和经验）在收购带来的协同效益方面发挥着重要作用。本节认为具有卓越管理层能力的收购者能更有效地处理复杂情况，管理整合流程，提高收购后的组织绩效，从而提升企业价值。鉴于此，本节做出如下假设：

H1：在其他条件相同的情况下，当收购方公司的管理层能力较高时，并购后的公司长期股票回报率会更高。

3.3.2.2 收购方公司的管理层能力和收购后的财务绩效

除股票市场的回报率外，会计信息是企业业绩的另一个重要体现。许多研究关注公司在重大事件，如并购或决策后的经营业绩（Fowler 和 Schmidt，1989），又如 Healy 等（1992）发现公司的经营现金流在并购后大幅增加。Schmidt 和 Fowler（1990）选取净资产回报率作为财务绩效指标，以研究完成收购的公司和其他公司之间的业绩差异。Holthausen 和 Larcker（1996）认为反杠杆收购的财务绩效明显优于其他并购。在以会计信息衡量公司的经营情况时，通常以行业为标准对个体公司进行调整分析。因此，本节选择以行业调整后的经营业绩作为主要的因变量，检验收购方公司的管理能力能否对收购方的财务绩效产生了积极影响（Barber 和 Lyon，1996）。鉴于此，本节做出如下假设：

H2：在其他条件相同的情况下，当收购方公司的管理层能力较高时，其收购后的财务绩效会更好。

3.3.2.3 收购方公司的管理层能力和其支付收购交易方式

在签订收购协议时，收购方必须确定付款方式——以现金、股票或者两者结合的方式支付并购金额。在信息完全对称的情况下，由于没有交易成本和税赋压力，支付媒介不会对实际交易金额产生影响。然而，在实际中，由公司控制权和所有权的分离所导致的信息不对称现象尤为突出，因此不同支付方式会产生不同的效果。上述连锁反应使得管理者需要在不同的支付方式之间做出决定。

Chiarella 等（2013）认为收购者在交易过程中主要面临两种风险——过度支付与错失潜在协同机会，并需要收购方在两者之间进行权衡。Chemmanur 等（2009）的研究表明，如果收购方与目标公司之间的信息不对称的程度相对较小，则收购方为实现收购所支付的额外成本将会降低。但如果收购方难以充分了解目标公司的实际状况，他们更有可能以股票作为支付手段，以便通过目标公司分担未来的风险（Hansen，1987）；反之，如果收购方公司掌握了足够的幕后信息，并预测目标公司在未来将有利于自身发展，那么收购方公司倾向使用更多的现金支付其报价（Berkovitch 和 Narayanan，1990）。本节认为出色的管理者在获取潜在目标公司的公开以及非公开信息方面具有明显优势，并且他们可以利用其经验和专业知识更准确地估计目标公司的价值，具体而言，优秀的管理人员有足够的能力实现并购后的有效整合，通过分散未来经营风险的方法来降低利润的不确定性。与此同时，这种影响会反过来作用于公司的支付动机上——对目标公司的精准定位降低了收购方以股票支付交易金额的可能。现金收购使得收购方股东在未来可以共享收购的经济效益。现有文献表明，使用现金作为支付媒介有助于保护公司控制权并使收购方公司能够实现未来的协同效应（Amihud 等，1990；Faccio 和 Masulis，2005）。相较于偏好股票支付的公司，使用现金支付的公司更有可能产生积极的并购绩效表现（Ghosh，2001；Agrawal 等，1992；Loughran 和 Vijh，1997）。Eckbo 等（1990）的研究表明，企业价值较高的收购者更有可能以多数的现金作为支付方式以完成收购。由此可见，收购方公司的管理层能力直接决定了其在收购前对目标公司的了解程度，进而影响交易的支付方式。鉴于此，本节做出如下假设：

H3：在其他条件相同的情况下，当收购方公司的管理层能力较高时，收购方更有可能以现金支付的方式完成收购活动。

3.3.2.4 交易特征对管理层能力与收购后绩效关系的调节作用

本节的重点是评估收购方式是否可以，并以何种方式调节管理层能力对收购后公司业绩的作用效果。已有研究证实管理人员利用他们的专业知识和技能来识别、评估以及整合收购的潜在目标。本节对已有结论进行深入探索，分析管理层能力在横向并购和连续并购中是否能够起到积极的作用。

管理层的能力根据管理学的定义被划分为三个层面的知识，即公司层面、行业层面和一般层面的知识。这些专业知识在不同公司和不同行业背景下的可转移性和相关性各不相同（Castanias 和 Helfat，1991）。行业层面能力的可转移度比一般层面的知识要低，具体而言，如果选择同行业公司为目标对象时，管理者几乎不需要学习新的行业知识，因此这种类型的并购，相比其他类型收购，会在后续整合过程中消耗收购方更少的成本和精力。因此，本节预测管理层能力对收购绩效的积极影响在行业内并购和行业间并购案例之间存在差异。现有文献对以上观点提供了理论支持。Capron（1999）发现，当收购方和被收购方处于同一行业并且收购方管理层已经具有对类似业务的管理经验时，他们可以更容易地识别到理想的目标公司，降低收购方公司与目标公司之间不匹配的程度。Raman 等（2013）认为，处于同一行业的管理者会有更多的信息渠道了解行业的发展动态、进入该行业高级别的高管论坛以获取重大事件信息，因此他们会更充分地了解同行业公司的运营情况，收购方公司的经理也能更清楚地掌握目标公司在行业中的整体表现，经营风险和效益情况。Shleifer 和 Vishny（1989）的研究表明能力较低的管理者更有动机以牺牲股东目标为代价追求自身利益最大化，从而选择不合理的多元化并购方式，对公司价值造成威胁。根据上述讨论，本节认为管理层能力对公司收购后绩效的促进作用在横向收购中更为显著。鉴于此，本节做出如下假设：

H4：在其他条件相同的情况下，收购方公司的管理层能力与收购后回报之间的关联在横向收购中比在多元化收购中更突出。

接下来，本节将考虑连续并购对管理层能力作用的影响。在公司并购案例中，连续收购并非偶然现象（Ahern，2008）。Croci 和 Petmezas（2009）发现，具有卓越技能的管理者有更大的动机选择连续收购，同时研究发现管理者也会从连续并购中获益。Kolb（1984）认为反复实践可以帮助经理人积累经验，因此连续收购有助于 CEO 在未来的并购事件中根据经验对估值流程和投标行为进行调整。Aktas 等（2011）提出管理层的理论和实践知识与连续并购之间的重要联系——过去的一桩桩并购案例能够帮助管理人员提升其对目标公司的判断能力以及对收购后公司资源的整合技能。Kolasinski 和 Li（2013）与 Chikh 和 Filbien（2011）也为此观点提供了支持性证据。因此笔者认为，相较于其他并购方式，连续并购能在更大程度上激发管理层对其专业知识的运用情况。鉴于此，本节做出如下假设：

H5：在其他条件相同的情况下，收购方公司的管理层能力对收购后公司回报率的作用效果在连续收购中更为显著。

3.3.3 研究设计

3.3.3.1 样本选择

为了寻求收购方公司的管理层能力与其收购后绩效之间的关系，本节从 SDC Platinum 全球并购数据库中获取研究样本——2000—2012 年披露的所有并购交易。研究所需的管理层能力数据来自 Demerjian 网站，并且网站数据已更新至最近年份。用于构建控制变量的公司年度财务信息来自 Compustat 数据库，日股票收益数据和月度收益数据来自 CRSP 数据库。本节剔除了财务信息披露不完全的样本公司，并且只保留了收购方公司至少要持有被收购方 50%股份的交易数据。

3.3.3.2 管理层能力的测量

对管理层能力的量化过程是充满挑战的，因为这种能力是隐性的，不易直接观察到。一些研究根据外部冲击事件来衡量管理层能力，如 Hayes

和 Schaefer（1999）、Bertrand 和 Schoar（2003）通过分析高管离职情况来确定管理能力。其他研究依赖于对管理层能力的宽泛测量，如过去的异常表现与 CEO 或 CFO 特征（薪酬、任期、媒体关注度或教育背景等）（Milbourn，2003；Rajgopal 等，2006）。但这些方法都会导致最终研究结果带有噪声，因为基于上述方法得出的管理层能力，其作用效果严格来说不能完全归因于管理层自身的能力表现（Bertrand 和 Schoar，2003；Demerjian 等，2012）。首先，仅关注 CEO 或 CFO 特征忽略了管理团队中其他高级管理人员的贡献，如 COO 与 CIO。Bertrand 和 Schoar（2003）发现，CEO 和 CFO 以外的管理团队成员对收购决策也具有经济和统计意义上的积极影响。因此，CEO 或 CFO 特征并不能充分代表收购方公司的整体管理层能力。其次，过于宽泛的管理层能力测量指标无法将公司层面特定因素的影响从结果中剥离出来。Dcmcrjian 等（2012）认为对管理层能力的量化应该基于管理者将资源转化为收入的效率（相对于行业同行的效率），即高质量的管理人员更有可能用较少的资源为公司带来较多的产出，这种方法（根据管理者利用各项投入要素产生收入的能力评估管理能力）符合公司利润最大化目标的要求。具体而言，Demerjian 使用数据包络分析（DEA）方法创建了公司在其行业内相对效率的初始衡量标准，然后将公司总效率分解为公司特定层面和经理特定层面的效率来衡量公司管理层能力。Demerjian 等（2012）进一步证明 DEA 管理层能力测量方法优于现有的能力方法，因而在学术领域具有重要的指导意义，随后众多学者开始借鉴该方法进行问题研究。

在研究中，本节采用 Demerjian（2012）等提出的 DEA 管理层能力测量方法。通过选择七个主要财务指标衡量公司的输入，并使用销售代表公司的输出，根据行业估算的 DEA 效率（Fama 和 French，1997）测度公司管理层能力。首先运用数据包络分析法测度公司所属行业内的效率值（θ）：

$$\max_v \theta = \frac{Sales}{v_1 CoGS + v_2 SG\&A + v_3 PPE + v_4 OpsLease + v_5 R\&\_\ D + v_6 Goodwill + v_7 OtherIntan}$$

其中，选取营业收入（*Sales*）作为公司的产出指标，选取营业成本

(*CoGS*)、销售与管理费用(*SG&A*)、固定资产(*PPE*)、经营杠杆(*Ops-Lease*)、研发投入(*R&D*)、商誉(*Goodwill*)和无形资产(*OtherIntan*)作为公司投入测度指标。DEA 产生的效率(θ)取值范围为 0~1。效率(θ)值为 1 表明公司的效率最好。得分低于 1 的公司需要通过降低成本或增加收入的方法提升效率。但是,这种方法同时捕捉公司层面和经理人层面的效率,然而公司层面效率的存在会造成经理人层面的管理层能力被夸大或低估的现象。因此,Demerjian 等(2012)进一步通过用影响公司层面效率的 6 个因素对总效率进行回归的方法,将总效率分解为公司特定效率和经理人特有效率。本节选取了以下 6 个因素:企业规模、市场份额、自由现金流、公司生命周期、企业经营复杂性和海外业务哑变量。

$$Firm\ Efficiency_i=\alpha+\beta_1(Total\ Assets)_i+\beta_2 Market\ Share_i+\beta_3 Free\ Cash\ Flow\ Indicator_i+\beta_4 \ln(Age)_i+\beta_5 Business\ Segment\ Concentration_i+\beta_6 Foreign\ Currency\ Indicator_i+Year+\varepsilon_i$$

上述估计的残差用来表示企业管理层能力。将这种基于 *DEA* 效率指标度量出的管理层能力与其他传统的管理能力指标(如行业调整后的历史收益率、行业调整后的历史资产回报率、CEO 薪酬、CEO 任期和媒体关注度等)进行比较,结果表明基于 DEA 的效率指标与当前的管理能力正相关,并且比传统方式更有效地控制噪声。此外,因为 DEA 方法中涉及的度量指标可以从财务报表中直接或间接获取,且上市公司需要定期公布其财务报表(10-K),所以此方法适用于所有的上市公司。本节借此度量方法衡量管理层能力(用 *MA_ SCORE* 表示用此方法计算出的管理层能力数值,用 *MA_ SCORE_ RANK* 表示管理层能力的排名数值)。

3.3.3.3 回归模型

3.3.3.3.1 收购方公司的管理层能力和收购后的收益

本节将使用以下回归模型测试收购方公司的管理层能力将如何影响公司的收购后绩效:

$$Acquirer\ return_i=\alpha+\beta_1 MA\_SCORE\_RANK_i+\beta_2 SIZE_i+\beta_3 LEV_i+\beta_4 MB_i+\beta_5 TAX\_LOSS_i+\beta_6 SALE\_GROWTH_i+\beta_7 CASH_i+\beta_8 STOCK_i+\beta_9 \_STATUS\_DUMMY_i+Industry$$

fixed effects+Year fixed effects+ε_i (3-6)

本节使用不同的因变量进行上述 OLS 回归来测试假设 1（H1）——收购后长期买入持有超额收益（*BHAR*）和收购后第 1 年、第 2 年和第 3 年内收购者的累计超额收益（*CAR*）。长期以来，对于用 *CAR* 或 *BHAR* 代替长期异常回报收益的优缺点，学者们尚未得出明确的结论。Barber 和 Lyon（1997）认为 *CAR* 是一个有偏因子，因此倾向使用 *BHAR* 度量公司长期异常回报。然而，Fama（1998）指出 Barber 和 Lyon（1997）理论是有问题的，支持 *CAR* 可以更好地反映公司长期绩效的观点（Barber 和 Lyon，1997）。与短期回报率的衡量方式不同，长期回报率的计算会受到其度量模型的影响，很多学者认为市场模型并不能很好地衡量长期绩效。Agrawal 等（1992）在计算长期股票收益时对公司规模进行了调整。然而，Fama 和 French（1992）认为，只进行规模调整也许不能完全剔除规模效应，企业规模和账面市值比率相结合的方法可以在更大程度上解释股票平均收益的差异。基于以上结论，本节通过调整模型中规模和账面市值比率的权重的方法计算长期 *CAR* 和 *BHAR*。参考现有研究，本节选取收购完成后的第一个月作为研究起始时间。

首先，本节使用公司规模、账面市值比（SIZE-BM）调整的组合计算 *BHAR*，并分别设定基准为 2×3 组 SIZE×BM 和 10×10 组 SIZE×BM。在计算 *BHAR* 时，以前的研究多采用以下三种方式进行计算（Ikenberry 等，1995）：①利用月度收益数据直接计算复合收益（12 个月、24 个月和 36 个月）；②先使用月度收益数据计算年复合收益，再对每年的数据进行平均来计算 *BHAR*；③先使用月度收益数据计算年复合收益，再对年数据进行复合计算 *BHAR*。本节中将利用第一种复合方式计算得到的 *BHAR* 作为主回归变量的衡量，在稳健性测试中，将使用其他两种复合方式以及最基本的市场模型重复主回归检验。如果 $\beta_1>0$，则实证结果支持本节的假设，即管理层能力在明智的并购决策中发挥重要作用。

一些研究通过分析短窗事件进而研究股票价格对收购公告的反应（Eckbo 和 Thorburn，2000；Moeller 等，2004）。然而，由于市场摩擦和非完全有效的特点，仅仅研究公告前后的短窗可能无法捕捉到并购带来的整体价值。Loughran 和 Vijh（1997）认为短暂的市场反应会高估或低估收购的绩效，因为他们只关注公告期内的回报。Mitchell 等（2004）发现股票价格在公告日期之后会暂时偏离其真实的信息效率值。

本节参考已有研究并购绩效影响因素的文献，从多个维度对干扰项进行控制。股票收购行为意味着收购方与被收购方之间信息不对称程度较高，通常会给公司未来的经营带去负面影响，造成较低的回报率（Myers 和 Majluf，1984）。但是如果公司以现金为支付媒介对目标公司进行收购，其可能会面临溢价收购的风险（Schwert，2000）。因此，本节在回归模型中控制了付款类型：如果交易仅以现金支付，则变量 *CASH* 等于 1，否则等于 0。如果交易仅由股票支付，则变量（*STOCK*）等于 1，否则等于 0。Jensen 和 Ruback（1983）发现并购绩效收到并购成功与否的影响。鉴于此，本节在模型中加入并购状态的控制哑变量（*STATUS_ DUMMY*）以剔除其影响，如果并购已完成并被记录在 SDC Platinum 数据库中，变量（*STATUS_ DUMMY*）取值为 1，反之为 0。Ayers（2003）发现收购结果受到收购方公司税率的干扰，结果表明在债务融资收购中，税率与后期回报正相关，因此本节以根据收购方的市场价值进行调整的税收亏损结转（*TAX_ LOSS*）作为控制变量。除此之外，因为公司特征也会对投标价格和公告后的股票回报产生影响，所以本节对公司以下特征进行控制：第一特征为公司规模（收购公告前会计期末收购方公司资产总值的对数）；第二个特征为企业杠杆率（收购公告前会计期末总资产的长期和短期债务账面价值）；第三个特征为市场价值与账面价值比率（普通股票的目标市场价值与收购公告前的会计期末的权益账面价值）；第四个特征为销售增长速度（t-1 年的销售额减去上一年度 t-2 销售额除以上一年度 t-2 的资产）。另外，在回归中还控制了行业和年度的固定效应。

3.3.3.3.2 收购方公司的管理层能力和收购后的财务绩效

为了检验第二个假设（H2），研究管理层能力对并购后企业财务绩效的影响，本节采用以下回归模型进行分析：

$$Acquirer\ acc\_performance_i = \alpha + \beta_1 MA\_SCORE\_RANK_i + \beta_2 SIZE_i + \beta_3 LEV_i + \beta_4 MB_i + \beta_5 TAX\_LOSS_i + \beta_6 SALE\_GROWTH_i + \beta_7 CASH_i + \beta_8 STOCK_i + \beta_9 STATUS\_DUMMY_i + Industry\ fixed\ effects + Year\ fixed\ effects + \varepsilon_i \quad (3-7)$$

本节采用以下指标检验收购后并购公司的财务绩效与收购方公司管理层能力的关系——收购后第 1 年、第 2 年和第 3 年的资产回报率（*ROA*），运营现金流（*CFO*）和市场价值与账面价值比率（*MBA*）。参考已有文献（Francis 等，2004；Kini 等，2004），本节对这三个主要会计指标的定义如下：资产回报率（*ROA*）= 扣除非经常性损益后的利润÷总资产；经营现金流（*CFO*）= 扣除非经常性损益后的利润-［（流动资产-流动负债）-（流动负债-滞后一期的流动负债）-（现金和短期投资-滞后一期的现金和短期投资）+（当前负债中的流动负债-滞后一期的流动负债）-折旧和摊销）］÷滞后一期的总资产；市场价值与账面价值比率（*MBA*）=（收盘价格×流通在外的普通股+长期债务+流动负债）÷（普通股÷普通股权+长期债务+流动负债）。为了排除行业本身绩效波动带来的影响，本节利用行业中值调整后的财务绩效指标进行回归分析。

3.3.3.3.3 收购方公司的管理层能力和其支付收购交易方式

本节使用如下模型验证第三个假设，即收购方公司管理层能力对收购类型的影响：

$$Prob(PAYTYPE) = \alpha + \beta_1 MA\_SCORE\_RANK_i + \beta_2 MB + \beta_3 TMB + \beta_4 TSIZE + \beta_5 RELATIVE + \beta_6 LEV + \beta_7 CAPX + \beta_8 RD + \beta_9 TAX\_LOSS + \beta_{10} CASH\_HOLD + \beta_{11} PE + Industry\ fixed\ effects + Year\ fixed\ effects + \varepsilon_i \quad (3-8)$$

本节使用两个指标分别对公司收购的支付方式（*PAYTYPE*）进行表征：是否全部为现金支付（*PAYTYPE*）和现金支付占交易总额的比例（*CASH_PER*）。如果收购方用现金支付全部交易金额，则哑变量 100%_ *CASH* 的取值为 1，否则为 0。当用此指标分析管理层能力对并购支付媒介的影响时，使用 logit 模型对变量进行回归；而当选择以现金支付比例（*CASH_ PER*）为因变量时，使用普通线性回归模型检验假设。对于控制变量的选择，本节参考之前学者对支付方式影响因素的研究。其中最重要的是目标公司和收购方公司的相对规模（*RELATIVE*）（Boone 和 Mulherin，2007；Lang 等，1991）。Chiarella 等（2013）发现规模差距较大时，公司更倾向于用股票支付。因为 Carleton 等（1983）证明了股票报价可能随着市价比的增加而增加，本节也控制了收购方公司市价比（*MB*）和目标公司市价比（*TMB*）的影响。同时，本节进一步控制了目标公司规模（*TSIZE*）和收购方公司的基本特征，如杠杆（*LEV*）、资本结构（*CAPX*）、研发投入（*R&D*）和税收影响（*TAX_LOSS*）（Schlingemann，2004）。

3.3.3.3.4 交易特征对管理层能力与收购后绩效关系的调节作用

为了检验横向收购对收购方公司管理层能力与收购后收益之间关系的交互影响，本节构建如下模型：

$$Acquirerreturn_i = \alpha + \beta_1 MA\_SCORE\_RANK_i + \beta_2 MA\_SCORE\_RANK_i \times HORIZON_i + \beta_3 HORIZON_i + \beta_4 SIZE_i + \beta_5 LEV_i + \beta_6 MB_i + \beta_7 TAX\_LOSS_i + \beta_8 SALE\_GROWTH_i + \beta_9 CASH_i + \beta_{10} STOCK_i + \beta_{11} STATU\_DUMMY_i + Industry\ fixed\ effects + Year\ fixed\ effects + \varepsilon \tag{3-9}$$

假设 4 的关注点在于 β_2 的方向及其显著性上，即横向收购与收购方公司管理层能力交乘项的相关系数。当 β_2 显著为正时，说明结果与假设 4（H4）相符，即管理层能力的作用效果在横向收购中更为显著。

为了验证收购方公司的管理层能力对收购后的业绩的影响程度是否在连续收购中表现得更强，本节使用以下模型对数据进行分析：

$$Acquirerreturn_i = \alpha + \beta_1 MA\_SCORE\_RANK_i + \beta_2 MA\_SCORE\_RANK_i \times SERIAL_i + \beta_3 SERIAL_i + \beta_4 SIZE_i + \beta_5 LEV_i + \beta_6 MB_i + \beta_7 TAX\_LOSS_i + \beta_8 SALE\_GROWTH_i + \beta_9 CASH_i + \beta_{10} STOCK_i + \beta_{11} STATUS\_DUMMY_i + Industry\ fixed\ effects + Year\ fixed\ effects + \varepsilon \tag{3-10}$$

如果交乘项与因变量之间显著正相关，则说明数据分析验证了本节的假设 5（H5），即相比于非连续收购，在连续收购案例中，管理层能力对收购后回报率的促进作用更强。

本节实证分析中用到的变量定义如表 3-14 所示。

表 3-14 变量定义表

变量名称	变量定义
MA_ SCORE	利用 Demerjian 等（2012）创建的管理层能力
MA_ SCORE_ RANK	利用 Demerjian 等（2012）创建的管理层能力指标的排序值
BHAR1_ Vi	利用 2×3 规模×市账比组合收益调整计算的收购公司收购后第 *i* 年购入-持有超额收益（加权平均法），*i*=1，2，3
BHAR1_ Ei	利用 2×3 规模×市账比组合收益调整计算的收购公司收购后第 *i* 年购入-持有超额收益（算数平均法），*i*=1，2，3
BHAR2_ Vi	利用 10×10 规模×市账比组合收益调整计算的收购公司收购后第 *i* 年购入-持有超额收益（加权平均法），*i*=1，2，3
BHAR2_ Ei	利用 10×10 规模×市账比组合收益调整计算的收购公司收购后第 *i* 年购入-持有超额收益（算术平均法），*i*=1，2，3
CAR1_ Vi	利用 2×3 规模×市账比组合收益调整计算的收购公司收购后第 *i* 年累计超额收益（加权平均法），*i*=1，2，3
CAR1_ Ei	利用 2×3 规模×市账比组合收益调整计算的收购公司收购后第 *i* 年累计超额收益（算术平均法），*i*=1，2，3
CAR2_ Vi	利用 10×10 规模×市账比组合收益调整计算的收购公司收购后第 *i* 年累计超额收益（加权平均法），*i*=1，2，3
CAR2_ Ei	利用 10×10 规模×市账比组合收益调整计算的收购公司收购后第 *i* 年累计超额收益（算术平均法），*i*=1，2，3
MIND_ ROAi	并购后第 *i* 年利用行业中值调整后计算的资产回报率，*i*=1，2，3
MIND_ CFOi	并购后第 *i* 年利用行业中值调整后计算的经营现金流，*i*=1，2，3
MIND_ MBAi	并购后第 *i* 年利用行业中值调整后计算的市面价值与账面价值的比，*i*=1，2，3
SIZE	公司并购前一会计年度总资产的对数值
LEV	公司并购前一会计年度长期债务和短期债务的综合÷总资产
MB	公司并购前一会计年度市场价值与账面价值的比值
TAX_ LOSS	公司并购前一年税收亏损结转
CASH	哑变量，若并购对价均以现金支付，则赋值为 1，否则为 0
STOCK	哑变量，若并购对价全部以股权支付，则取值为 1，否则为 0
SALE_ GROWTH	公司并购前一会计年度销售增长率
STATUS_ DUMMY	哑变量，若 SDC 数据库显示并购已完成，则取值为 1，否则为 0
TMB	公司并购前一会计年度目标公司的市账比

续表

变量名称	变量定义
TSIZE	公司并购前一会计年度目标公司的规模，取值为目标公司的总资产对数
RELATIVE	公司并购前一会计年度目标公司规模÷收购公司的规模
CAPX	公司并购前一会计年度收购方公司的资本支出与总资产的比值
R&D	公司并购前一会计年度收购方公司的研发支出与总资产的比值
HORIZON	哑变量，若收购公司与目标公司的 SIC 前两位相同，则取值为 1，否则为 0
SERIAL	哑变量，若收购公司在五年内并购次数多于 5 次，则取值为 1，否则为 0
FLOW_ COMP	收购公司 CEO 的总薪酬取对数（Item：TDC1）
VALUE_ OPTION	收购公司 CEO 的股权激励价值（OPT_ UNEX_ EXER_ EST_ VAL+OPT_ UNEX_ UNEXER_ EST_ VAL）
CEO_ TENURE	收购公司 CEO 的任职年限
STOCK_ HELD	收购公司 CEO 的持股比例
HISTORICAL RETURN	收购公司过去两年的历史表现情况（从 $t-2$ 到 $t-1$）

3.3.4 实证结果与分析

3.3.4.1 描述性统计

表3-15 对主要变量进行描述性统计。A 组汇总了收购方长期收益 *BHAR* 的数据情况：*BHAR*1_ *V*1，*BHAR*1_ *V*2，*BHAR*1_ *V*3（*BHAR*1_ *E*1，*BHAR*1_ *E*2，*BHAR*1_ *E*3）分别代表按照 2×3 SIZE×BM 组合收益调整、采用加权平均法（算术平均法）计算的并购后 1 年、2 年和 3 年的股票购入—持有超额收益。*BHAR*2_ *V*1，*BHAR*2_ *V*2，*BHAR*2_ *V*3（*BHAR*2_ *E*1，*BHAR*2_ *E*2，*BHAR*2_ *E*3）分别代表按照 10×10*SIZE*×*BM* 组合收益调整、采用加权平均法（算术平均法）计算的并购后 1 年、2 年和 3 年的股票购入—持有超额收益。

B 组呈现了收购方累计收益 CAR 的数据情况：*CAR*1_ *V*1，*CAR*1_ *V*2，*CAR*1_ *V*3（*CAR*1_ *E*1，*CAR*1_ *E*2，*CAR*1_ *E*3）分别代表按照 2×3 SIZE×BM 组合收益调整、采用加权平均法（算术平均法）计算的并购后 1 年、2

年和 3 年的股票累计超额收益。*CAR2_ V1*，*CAR2_ V2*，*CAR2_ V3*（*CAR2_ E1*，*CAR2_ E2*，*CAR2_ E3*）分别代表按照 10×10 SIZE×BM 组合收益调整、采用加权平均法（算术平均法）计算的并购后 1 年、2 年和 3 年的股票累计超额收益。

C 组呈现了收购方公司在收购后 1 年、2 年和 3 年的经过行业中值调整的财务绩效，其中 *MIND_ ROA1*，*MIND_ ROA2*，*MIND_ ROA3* 分别表示根据行业中值调整后，收购方在完成收购后的第 1 年、第 2 年、第 3 年的资产回报率；*MIND_ CFO1*，*MIND_ CFO2*，*MIND_ CFO3* 分别表示收购方在完成收购后的第 1 年、第 2 年、第 3 年根据行业中值调整后的经营现金流量；*MIND_ MBA1*，*MIND_ MBA2*，*MIND_ MBA3* 分别表示收购方在完成收购后的 1 年、2 年、3 年根据行业中值调整后的市价比。

数据的描述性统计结果表明，长期收益（或财务绩效）的均值/中值通常为负值。Langetieg（1978）指出股票价格在收购后的 1~3 年内会产生负面效应，同时发现收购方公司与同行业的控制公司在收购后的变现上没有明显差异。Asquith（1983）的研究进一步表明，收购的平均收益在成功并购的案例中为-0.1%，在失败的并购案例中为-5.5%。由此可见，本节中的数据描述结果与前文研究相符。长期买入或持有超额收益的样本范围为 13678~21927，长期超额累积回报率的样本范围为 15699~21721。收购方公司的财务绩效的样本数范围为 19222~23535。两种对支付方式衡量方法（*100_ CASH* 和 *CASH_ PER*）分别获得 2052 和 2077 个观察值。样本数量的不确定性是由计算基准和时间节点的选择引起的。

表 3-15 描述性统计

变量	样本量	均值	最小值	Q1	中位数	Q3	最大值	标准差
A 组：长期购入—持有超额收益								
BHAR1_ V1	21927	-0.012	-0.894	-0.265	-0.043	0.187	1.605	0.417
BHAR1_ E1	21927	-0.028	-0.901	-0.282	-0.052	0.170	1.580	0.413
BHAR1_ V2	18805	-0.005	-1.190	-0.382	-0.066	0.266	2.346	0.601
BHAR1_ E2	18805	-0.051	-1.310	-0.422	-0.094	0.216	2.296	0.602

续表

变量	样本量	均值	最小值	Q1	中位数	Q3	最大值	标准差
BHAR1_ V3	18788	0. 006	-0. 695	-0. 173	-0. 010	0. 155	1. 116	0. 303
BHAR1_ E3	18788	-0. 017	-0. 719	-0. 194	-0. 026	0. 129	1. 075	0. 301
BHAR2_ V1	20472	-0. 022	-1. 102	-0. 303	-0. 049	0. 212	1. 589	0. 456
BHAR2_ E1	20472	-0. 024	-1. 053	-0. 298	-0. 054	0. 204	1. 557	0. 448
BHAR2_ V2	16817	-0. 026	-1. 635	-0. 442	-0. 077	0. 298	2. 481	0. 678
BHAR2_ E2	16817	-0. 030	-1. 548	-0. 444	-0. 090	0. 293	2. 456	0. 666
BHAR2_ V3	13678	-0. 046	-2. 239	-0. 581	-0. 125	0. 361	3. 698	0. 924
BHAR2_ E3	13678	-0. 053	-2. 149	-0. 581	-0. 141	0. 350	3. 644	0. 910
B 组：长期累计超额收益								
CAR1_ V1	21721	-0. 052	-1. 752	-0. 292	-0. 035	0. 223	1. 284	0. 495
CAR1_ E1	21721	-0. 052	-1. 748	-0. 294	-0. 034	0. 226	1. 267	0. 494
CAR1_ V2	18599	-0. 039	-2. 031	-0. 396	-0. 016	0. 356	1. 738	0. 666
CAR1_ E2	18599	-0. 046	-2. 074	-0. 412	-0. 022	0. 352	1. 709	0. 672
CAR1_ V3	15702	-0. 029	-2. 079	-0. 494	-0. 010	0. 436	2. 124	0. 775
CAR1_ E3	15702	-0. 044	-2. 112	-0. 510	-0. 029	0. 429	2. 119	0. 785
CAR2_ V1	21573	-0. 012	-1. 352	-0. 245	-0. 007	0. 223	1. 267	0. 437
CAR2_ E1	21573	-0. 012	-1. 302	-0. 239	-0. 010	0. 217	1. 219	0. 426
CAR2_ V2	18579	0. 014	-1. 737	-0. 325	0. 010	0. 344	1. 769	0. 599
CAR2_ E2	18579	0. 013	-1. 694	-0. 319	0. 008	0. 335	1. 710	0. 588
CAR2_ V3	15699	0. 041	-1. 765	-0. 373	0. 022	0. 433	2. 110	0. 696
CAR2_ E3	15699	0. 043	-1. 708	-0. 370	0. 025	0. 429	2. 063	0. 685
C 组：财务绩效								
MIND_ ROA1	19222	-0. 010	-0. 250	-0. 020	0. 000	0. 017	0. 084	0. 053
MIND_ ROA2	22048	-0. 012	-0. 312	-0. 021	0. 000	0. 017	0. 094	0. 062

续表

变量	样本量	均值	最小值	Q1	中位数	Q3	最大值	标准差
MIND_ ROA3	23535	-0. 016	-0. 430	-0. 020	0. 000	0. 018	0. 103	0. 077
MIND_ CFO1	19222	-0. 002	-0. 324	-0. 036	0. 000	0. 040	0. 208	0. 081
MIND_ CFO2	22048	-0. 002	-0. 343	-0. 038	0. 000	0. 042	0. 230	0. 087
MIND_ CFO3	23535	-0. 003	-0. 385	-0. 043	0. 000	0. 046	0. 271	0. 099
MIND_ MBA1	19222	0. 305	-1. 563	-0. 386	0. 000	0. 642	5. 764	1. 221
MIND_ MBA2	22048	0. 322	-1. 625	-0. 412	0. 000	0. 659	6. 326	1. 296
MIND_ MBA3	23535	0. 359	-1. 597	-0. 428	0. 000	0. 694	6. 843	1. 402
D 组：管理层能力								
MA_ SCORE	21927	0. 004	-0. 382	-0. 085	-0. 002	0. 087	0. 416	0. 147
MA_ SCORE_ RANK	21927	0. 580	0. 100	0. 400	0. 600	0. 800	1. 000	0. 273
E 组：控制变量								
SIZE	21927	7. 071	2. 397	5. 638	6. 989	8. 464	11. 640	2. 084
LEV	21927	0. 382	0. 052	0. 244	0. 380	0. 502	0. 822	0. 178
MB	21927	3. 740	0. 443	1. 599	2. 503	4. 029	32. 730	4. 381
TAX_ LOSS	21927	0. 097	0. 000	0. 000	0. 000	0. 035	2. 242	0. 309
CASH	21927	0. 326	0. 000	0. 000	0. 000	1. 000	1. 000	0. 469
STOCK	21927	0. 036	0. 000	0. 000	0. 000	0. 000	1. 000	0. 187
SALE_ GROWTH	21927	0. 202	-0. 912	0. 006	0. 093	0. 227	6. 592	0. 654
STATUS_ DUMMY	21927	0. 747	0. 000	0. 000	1. 000	1. 000	1. 000	0. 435

3. 3. 4. 2 相关性分析

表 3-16 报告了收购方公司和目标公司主要变量的 Pearson 相关系数检验结果，表明大多数长期股票回报指标和财务绩效指标与收购方公司的管理层能力呈显著正相关，初步印证了假设 1（H1）和假设 2（H2）。

表 3-16 相关性分析

	MA_ SCORE	MA_ SCORE_ RANK	SIZE	LEV	MB	SALE_ GROWTH	TAX_ LOSS	CASH	STOCK	STATUS_ DUMMY
MA_ SCORE	1.000									
MA_ SCORE_ RANK	0.917***	1.000								
SIZE	0.012*	0.005	1.000							
LEV	0.048***	0.039***	0.208***	1.000						
MB	0.067***	0.081***	-0.026***	0.117***	1.000					
SALE_ GROWTH	0.159***	0.132***	-0.014**	0.094***	0.074***	1.000				
TAX_ LOSS	-0.126***	-0.130***	-0.190***	0.050***	-0.067***	-0.044***	1.000			
CASH	0.037***	0.029***	-0.016**	-0.052***	-0.055***	-0.021***	-0.024***	1.000		
STOCK	-0.046***	-0.035***	-0.119***	-0.058***	0.157***	0.002	0.072***	-0.146***	1.000	
STATUS_ DUMMY	-0.017***	-0.014**	-0.003	0.002	0.032***	0.010	-0.005	-0.372***	0.059***	1.000
BHAR1_ V1	0.009	0.007	-0.001	0.074***	-0.123***	-0.024***	0.030***	0.054***	-0.094***	-0.033***
BHAR1_ E1	0.019***	0.012*	0.007	0.076***	-0.115***	-0.025***	0.026***	0.059***	-0.097***	-0.035***
BHAR1_ V2	0.018**	0.022***	-0.012	0.074***	-0.114***	-0.025***	0.014*	0.040***	-0.085***	-0.027***
BHAR1_ E2	0.028***	0.026***	0.003	0.078***	-0.095***	-0.028***	0.009	0.046***	-0.089***	-0.031***

续表

	MA_ SCORE	MA_ SCORE_ RANK	SIZE	LEV	MB	SALE_ GROWTH	TAX_ LOSS	CASH	STOCK	STATUS_ DUMMY
BHAR1_ V3	0. 008	0. 012	-0. 030***	0. 069***	-0. 148***	-0. 022***	0. 042***	0. 045***	-0. 081***	-0. 033***
BHAR1_ E3	0. 016**	0. 015**	-0. 016**	0. 072***	-0. 135***	-0. 026***	0. 038***	0. 050***	-0. 085***	-0. 035***
BHAR2_ V1	0. 013*	0. 014*	-0. 015**	0. 061***	-0. 115***	-0. 024***	0. 030***	0. 049***	-0. 084***	-0. 028***
BHAR2_ E1	0. 016**	0. 017**	-0. 007	0. 064***	-0. 109***	-0. 023***	0. 026***	0. 049***	-0. 083***	-0. 027***
BHAR2_ V2	0. 020**	0. 025***	-0. 019**	0. 060***	-0. 106***	-0. 034***	0. 007	0. 037***	-0. 073***	-0. 027***
BHAR2_ E2	0. 026***	0. 032***	-0. 008	0. 068***	-0. 098***	-0. 031***	0. 000	0. 037***	-0. 075***	-0. 027***
BHAR2_ V3	0. 017*	0. 020**	-0. 028***	0. 061***	-0. 101***	-0. 037***	0. 024***	0. 034***	-0. 071***	-0. 029***
BHAR2_ E3	0. 023***	0. 027***	-0. 021**	0. 068***	-0. 092***	-0. 030***	0. 015*	0. 033***	-0. 072***	-0. 028***
CAR1_ V1	-0. 002	-0. 004	0. 004	0. 051***	-0. 184***	-0. 045***	0. 023***	0. 066***	-0. 112***	-0. 029***
CAR1_ E1	0. 003	0. 000	0. 004	0. 053***	-0. 184***	-0. 041***	0. 020***	0. 068***	-0. 114***	-0. 031***
CAR1_ V2	0. 006	0. 002	-0. 004	0. 049***	-0. 176***	-0. 039***	0. 031***	0. 054***	-0. 094***	-0. 033***
CAR1_ E2	0. 015**	0. 010	0. 004	0. 053***	-0. 172***	-0. 036***	0. 023***	0. 056***	-0. 098***	-0. 035***
CAR1_ V3	0. 012	-0. 003	-0. 057***	0. 034***	-0. 120***	-0. 016*	0. 058***	0. 045***	-0. 067***	-0. 027***
CAR1_ E3	0. 026***	0. 011	-0. 036***	0. 041***	-0. 114***	-0. 013	0. 048***	0. 046***	-0. 071***	-0. 026***
CAR2_ V1	0. 011*	0. 011*	-0. 033***	0. 044***	-0. 139***	-0. 028***	0. 024***	0. 050***	-0. 080***	-0. 030***

续表

	MA_SCORE	MA_SCORE_RANK	SIZE	LEV	MB	SALE_GROWTH	TAX_LOSS	CASH	STOCK	STATUS_DUMMY
CAR2_E1	0.013*	0.014**	-0.036***	0.046***	-0.133***	-0.028***	0.021***	0.049***	-0.079***	-0.029***
CAR2_V2	0.011	0.012	-0.060***	0.040***	-0.148***	-0.024***	0.031***	0.041***	-0.062***	-0.039***
CAR2_E2	0.013*	0.016**	-0.060***	0.043***	-0.143***	-0.022***	0.026***	0.040***	-0.062***	-0.039***
CAR2_V3	0.008	0.002	-0.088***	0.029***	-0.111***	0.000	0.058***	0.032***	-0.041***	-0.035***
CAR2_E3	0.010	0.005	-0.096***	0.030***	-0.105***	0.007	0.053***	0.031***	-0.040***	-0.035***
MIND_ROA1	0.179***	0.172***	0.300***	0.122***	-0.081***	0.004	-0.179***	0.072***	-0.220***	-0.051***
MIND_ROA2	0.175***	0.166***	0.290***	0.130***	-0.115***	-0.003	-0.173***	0.079***	-0.220***	-0.055***
MIND_ROA3	0.186***	0.173***	0.272***	0.138***	-0.133***	0.013**	-0.168***	0.082***	-0.224***	-0.050***
MIND_CFO1	0.194***	0.188***	0.251***	0.002	0.075***	0.022***	-0.192***	0.072***	-0.143***	-0.041***
MIND_CFO2	0.199***	0.194***	0.258***	0.013*	0.076***	0.016**	-0.207***	0.075***	-0.137***	-0.041***
MIND_CFO3	0.206***	0.198***	0.256***	0.022***	0.081***	0.023***	-0.219***	0.080***	-0.129***	-0.036***
MIND_MBA1	0.068***	0.078***	0.058***	-0.087***	0.351***	0.010	-0.034***	0.021***	0.038***	-0.040***
MIND_MBA2	0.074***	0.085***	0.058***	-0.065***	0.352***	0.009	-0.040***	0.015**	0.024***	-0.031***
MIND_MBA3	0.087***	0.094***	0.058***	-0.047***	0.377***	0.014**	-0.043***	0.010	0.028***	-0.025***

注：***、**、*代表在1%、5%、10%的水平上显著。

3. 3. 4. 3 收购方公司的管理层能力和收购后的收益

3. 3. 4. 3. 1 管理层能力和长期回报率（BHAR）

本节用如下的方法计算调整后的公司长期回报率（BHAR），并使用最小二乘法，用收购方公司的管理层能力对其回归（Barber 和 Lyon，1997）进而验证假设 1（H1）：

$$BHAR = \prod_{t=1}^{r}(1 + R_{it}) - \sum_{t=1}^{r}[(1 + E(R_{it})]$$

表 3-17 的第 1~3 列呈现了使用收购后 1 年、2 年和 3 年，按照2×3 SIZE×BM 组合收益权重调整后的加权 *BHAR* 的回归结果，其中 *MA_ SCORE_ RANK* 的系数均显著为正（0. 033，t = 1. 949；0. 080，t = 2. 768；0. 034，t=2. 415），印证了本节的假设 1，即具有卓越管理能力的管理者更有可能帮助公司在收购后实现较高的长期股票回报。第 4~6 列呈现了使用收购后 1 年、2 年和 3 年后按照 10×10SIZE×BM 组合收益权重调整后的加权 *CAR* 为变量的回归结果，第 7~9 列和第 10~12 列分别展现了以算术平均法计算的 *BHAR* 结果，其中 *MA_ SCORE_ RANK* 和公司长期回报之间均存在的显著的正相关关系。不同回归中的系数的方向和显著性加强了结果的稳健性，即便改变对公司长期回报的衡量方式，收购方公司的管理层能力对公司的长期回报产生促进作用。

除此之外，股票支付（*STOCK*）对收购后的公司长期回报产生显著负面影响，而现金支付（*CASH*）对收购后的公司长期回报产生显著的积极影响，支持了以前文献的结论（Myers 和 Majluf，1984；Schwert，2000）。同时并购的完成状态（*STATUS_ DUMMY*）与长期回报之间存在明显的反向相关关系，而税收影响（*TAX_ LOSS*）与公司长期回报之间存在明显的正向相关关系，支持了 Ayers 等（2003）的观点，即税率与收购方公司的利益之间显著正相关。

表 3-17　管理层能力与并购后收购方公司的购入—持有超额收益

变量	加权平均法						算术平均法					
	2×3SIZE×BM			10×10SIZE×BM			2×3SIZE×BM			10×10SIZE×BM		
	1年	2年	3年	1年	2年	3年	1年	2年	3年	1年	2年	3年
	BHA R1_ V1	*BHA R1_ V2*	*BHA R1_ V3*	*BHA R2_ V1*	*BHA R2_ V2*	*BHA R2_ V3*	*BHA R1_ E1*	*BHA R1_ E2*	*BHA R1_ E3*	*BHA R2_ E1*	*BHA R2_ E2*	*BHA R2_ E3*
MA_ SCORE_ RANK	0.033*	0.080***	0.034**	0.047**	0.092***	0.110**	0.039**	0.090***	0.038***	0.049***	0.099***	0.118**
	(1.949)	(2.768)	(2.415)	(2.516)	(2.754)	(2.046)	(2.305)	(3.118)	(2.722)	(2.644)	(3.013)	(2.238)
SIZE	-0.003	-0.004	-0.004**	-0.007**	-0.010**	-0.012	-0.003	-0.003	-0.004*	-0.004	-0.006	-0.009
	(-1.045)	(-1.067)	(-2.057)	(-2.398)	(-1.993)	(-1.625)	(-1.072)	(-0.815)	(-1.699)	(-1.604)	(-1.229)	(-1.237)
LEV	0.215***	0.284***	0.155***	0.204***	0.271***	0.374***	0.216***	0.292***	0.159***	0.199***	0.282***	0.393***
	(7.335)	(5.867)	(6.400)	(6.405)	(4.940)	(4.250)	(7.357)	(5.866)	(6.368)	(6.336)	(5.218)	(4.593)
MB	-0.010***	-0.014***	-0.009***	-0.009***	-0.014***	-0.017***	-0.009***	-0.012***	-0.009***	-0.009***	-0.013***	-0.016***
	(-7.758)	(-7.822)	(-9.502)	(-7.815)	(-7.532)	(-6.055)	(-7.575)	(-6.715)	(-8.781)	(-7.288)	(-7.005)	(-5.857)
TAX_ LOSS	0.041**	0.048	0.043**	0.038*	0.024	0.090	0.041**	0.049	0.042**	0.037*	0.021	0.075
	(2.101)	(1.435)	(2.525)	(1.835)	(0.651)	(1.535)	(2.067)	(1.412)	(2.467)	(1.837)	(0.565)	(1.279)
SALE_ GROWTH	-0.010	-0.024**	-0.009	-0.012	-0.036***	-0.048***	-0.014**	-0.028***	-0.011*	-0.013*	-0.035***	-0.044***

续表

	加权平均法						算术平均法					
	2×3SIZE×BM			10×10SIZE×BM			2×3SIZE×BM			10×10SIZE×BM		
	1年	2年	3年	1年	2年	3年	1年	2年	3年	1年	2年	3年
变量	*BHA* *R1_ V1*	*BHA* *R1_ V2*	*BHA* *R1_ V3*	*BHA* *R2_ V1*	*BHA* *R2_ V2*	*BHA* *R2_ V3*	*BHA* *R1_ E1*	*BHA* *R1_ E2*	*BHA* *R1_ E3*	*BHA* *R2_ E1*	*BHA* *R2_ E2*	*BHA* *R2_ E3*
	(−1.518)	(−2.282)	(−1.512)	(−1.585)	(−3.058)	(−2.693)	(−2.047)	(−2.649)	(−1.895)	(−1.668)	(−2.933)	(−2.591)
CASH	0.032***	0.036***	0.019***	0.031***	0.035**	0.040*	0.033***	0.038***	0.020***	0.033***	0.037***	0.043**
	(4.530)	(3.219)	(3.395)	(3.743)	(2.517)	(1.905)	(4.648)	(3.431)	(3.596)	(4.029)	(2.699)	(2.051)
STOCK	−0.118***	−0.155***	−0.069***	−0.110***	−0.143***	−0.198***	−0.122***	−0.166***	−0.072***	−0.110***	−0.146***	−0.202***
	(−6.148)	(−5.533)	(−4.293)	(−5.470)	(−4.428)	(−4.240)	(−6.391)	(−5.847)	(−4.531)	(−5.572)	(−4.653)	(−4.539)
STATUS_ DUMMY	−0.015**	−0.020*	−0.016***	−0.008	−0.017	−0.043**	−0.012	−0.019	−0.014**	−0.006	−0.017	−0.042*
	(−2.004)	(−1.717)	(−2.676)	(−0.951)	(−1.248)	(−2.013)	(−1.555)	(−1.583)	(−2.439)	(−0.700)	(−1.232)	(−1.956)
CONSTANT	−0.134***	−0.104**	−0.045*	−0.142***	−0.074	−0.097	−0.130***	−0.125***	−0.056**	−0.143***	−0.103**	−0.112
	(−5.018)	(−2.280)	(−1.953)	(−4.910)	(−1.454)	(−1.223)	(−4.835)	(−2.716)	(−2.436)	(−5.048)	(−2.054)	(−1.456)
OBSERV ATIONS	21927	18805	18788	20472	16817	13678	21927	18805	18788	20472	16817	13678
ADJUSTED R-SQUARE	0.059	0.061	0.067	0.050	0.050	0.056	0.059	0.070	0.068	0.047	0.049	0.053

注：***、**、*代表在1%、5%、10%的水平上显著。

3.3.4.3.2 管理层能力和累积回报（CAR）

本节使用超额累积回报率（*CAR*）最为长期回报的替代变量，分别使用 2×3SIZE×BM 和 10×10SIZE×BM 的组合构建调整后的超额累积回报率（*CAR*）。表 3-18 中 *MA_ SCORE_ RANK* 在收购后第 1 年、第 2 年和第 3 年的方向和显著性与表 3-17 中的结果相吻合，这对假设 1 的准确性提供进一步的支持。

3.3.4.4 收购方公司的管理层能力和收购后的财务绩效

公司财务绩效是公司经营状况的一个重要体现，本节检验了管理层能力对公司会计表现［资产回报率（*ROA*）、经营现金流（*CFO*）和市场与账面比率（*MBA*）］的影响。表 3-19 的结果显示：根据行业中值调整后的财务绩效（*MIND_ ROA*1，*MIND_ ROA*2，*MIND_ ROA*3，*MIND_ CFO*1，*MIND_ CFO*2，*MIND_ CFO*3，*MIND_ MBA*1，*MIND_ MAB*2 和 *MIND_ MBA*3）与收购方公司的管理层能力呈现显著的正相关关系，说明实证结果与本节的假设 2（H2）相吻合，即出色的管理者有助于改善公司在收购完成后 3 年内的财务绩效。

表 3-18 管理层能力与并购后并购方累计超额收益

	加权平均法						算术平均法					
	2×3SIZE×BM			10×10SIZE×BM			2×3SIZE×BM			10×10SIZE×BM		
	1年	2年	3年	1年	2年	3年	1年	2年	3年	1年	2年	3年
变量	*CAR1_V1*	*CAR1_V2*	*CAR1_V3*	*CAR2_V1*	*CAR2_V2*	*CAR2_V2*	*CAR1_E1*	*CAR1_E2*	*CAR1_E3*	*CAR2_E1*	*CAR2_E2*	*CAR2_E3*
MA_SCORE_RANK	0.035*	0.067**	0.041	0.040**	0.058**	0.017	0.041**	0.084***	0.079*	0.041**	0.059**	0.016
	(1.696)	(2.070)	(0.947)	(2.243)	(1.966)	(0.408)	(1.986)	(2.588)	(1.781)	(2.299)	(2.013)	(0.376)
SIZE	-0.006*	-0.009*	-0.025***	-0.010***	-0.019***	-0.028***	-0.006*	-0.007	-0.018***	-0.010***	-0.018***	-0.030***
	(-1.689)	(-1.819)	(-4.016)	(-3.551)	(-4.322)	(-4.766)	(-1.833)	(-1.415)	(-2.782)	(-3.583)	(-4.262)	(-5.155)
LEV	0.229***	0.297***	0.267***	0.182***	0.237***	0.213***	0.232***	0.304***	0.272***	0.178***	0.243***	0.222***
	(6.185)	(5.227)	(3.623)	(5.532)	(4.607)	(2.988)	(6.313)	(5.360)	(3.649)	(5.521)	(4.764)	(3.170)
MB	-0.017***	-0.022***	-0.017***	-0.012***	-0.019***	-0.016***	-0.017***	-0.022***	-0.016***	-0.011***	-0.018***	-0.015***
	(-9.058)	(-8.981)	(-5.963)	(-7.631)	(-9.050)	(-6.184)	(-9.013)	(-8.797)	(-5.696)	(-7.225)	(-8.755)	(-6.079)
TAX_LOSS	0.029	0.062*	0.153***	0.019	0.045	0.131***	0.025	0.051	0.139***	0.018	0.042	0.122***
	(1.504)	(1.911)	(3.336)	(1.043)	(1.469)	(3.049)	(1.316)	(1.542)	(2.967)	(1.023)	(1.333)	(2.881)
SALE_GROWTH	-0.017**	-0.026*	-0.014	-0.013*	-0.020*	0.000	-0.016*	-0.025*	-0.012	-0.014*	-0.020*	0.003
	(-2.050)	(-1.960)	(-0.944)	(-1.787)	(-1.724)	(0.026)	(-1.915)	(-1.846)	(-0.782)	(-1.922)	(-1.722)	(0.221)

续表

	加权平均法						算术平均法					
	2×3SIZE×BM			10×10SIZE×BM			2×3SIZE×BM			10×10SIZE×BM		
	1年	2年	3年	1年	2年	3年	1年	2年	3年	1年	2年	3年
变量	*CAR1_V1*	*CAR1_V2*	*CAR1_V3*	*CAR2_V1*	*CAR2_V2*	*CAR2_V2*	*CAR1_E1*	*CAR1_E2*	*CAR1_E3*	*CAR2_E1*	*CAR2_E2*	*CAR2_E3*
CASH	0.041***	0.040***	0.044***	0.027***	0.025**	0.023	0.043***	0.043***	0.050***	0.028***	0.025**	0.024
	(5.154)	(3.298)	(2.689)	(3.586)	(2.164)	(1.519)	(5.317)	(3.514)	(3.047)	(3.735)	(2.200)	(1.550)
STOCK	-0.134***	-0.135***	-0.140***	-0.099***	-0.099***	-0.092**	-0.141***	-0.143***	-0.143***	-0.099***	-0.103***	-0.097***
	(-5.084)	(-3.702)	(-3.305)	(-4.403)	(-3.110)	(-2.351)	(-5.325)	(-3.916)	(-3.376)	(-4.503)	(-3.275)	(-2.624)
STATUS_ DUMMY	-0.004	-0.019	-0.026	-0.015*	-0.037***	-0.048***	-0.004	-0.020	-0.022	-0.013*	-0.037***	-0.048***
	(-0.416)	(-1.500)	(-1.476)	(-1.848)	(-3.126)	(-2.959)	(-0.411)	(-1.532)	(-1.230)	(-1.687)	(-3.195)	(-2.954)
CONSTANT	-0.259***	-0.277***	-0.018	-0.076**	0.065	0.224***	-0.241***	-0.289***	-0.109*	-0.058**	0.070	0.264***
	(-7.974)	(-5.741)	(-0.285)	(-2.529)	(1.352)	(3.627)	(-7.477)	(-5.942)	(-1.713)	(-1.964)	(1.493)	(4.354)
OBSERV ATIONS	21721	18599	15702	21573	18579	15699	21721	18599	15702	21573	18579	15699
ADJUSTED R-SQUARE	0.098	0.096	0.071	0.051	0.055	0.056	0.097	0.093	0.069	0.047	0.056	0.057

注：***、**、*代表在1%、5%、10%的水平上显著。

表3-19 管理层能力与并购后收购方的财务绩效

	1年	2年	3年	1年	2年	3年	1年	2年	3年
变量	*MIND_ ROA1*	*MIND_ ROA2*	*MIND_ ROA3*	*MIND_ CFO1*	*MIND_ CFO2*	*MIND_ CFO3*	*MIND_ MBA1*	*MIND_ MBA2*	*MIND_ MBA3*
MA_ SCORE_ RANK	0.093***	0.111***	0.157***	0.062***	0.070***	0.082***	0.327**	0.434***	0.549***
	(6.800)	(6.273)	(6.063)	(9.326)	(10.341)	(11.217)	(2.245)	(3.060)	(3.786)
SIZE	0.017***	0.018***	0.019***	0.012***	0.012***	0.013***	-0.032	-0.017	-0.022
	(8.358)	(7.673)	(6.155)	(8.290)	(8.425)	(8.470)	(-1.160)	(-0.637)	(-0.809)
LEV	0.083***	0.115***	0.167***	-0.021*	-0.016	-0.017	-0.413*	-0.149	0.090
	(4.097)	(4.711)	(5.066)	(-1.910)	(-1.491)	(-1.544)	(-1.698)	(-0.594)	(0.331)
MB	-0.000	-0.000	-0.000	0.000	0.000	0.000	0.001	0.002	0.003
	(-0.858)	(-0.925)	(-0.910)	(0.472)	(0.488)	(0.709)	(1.035)	(1.035)	(1.008)
LOSS	-0.008**	-0.006*	-0.007*	-0.009**	-0.011**	-0.009**	0.007	-0.007	-0.008
	(-2.075)	(-1.786)	(-1.954)	(-2.573)	(-2.428)	(-2.481)	(0.198)	(-0.263)	(-0.318)
SALE_ GROWTH	0.000***	0.000***	0.000***	-0.000***	-0.000***	-0.000***	0.000	0.000**	0.000
	(10.240)	(8.623)	(7.379)	(-3.871)	(-6.241)	(-8.832)	(1.252)	(2.312)	(1.545)
CASH	0.015***	0.020***	0.022***	0.011***	0.012***	0.015***	0.010	-0.010	-0.008
	(4.562)	(5.279)	(4.637)	(4.619)	(4.810)	(5.556)	(0.190)	(-0.203)	(-0.179)

续表

	1年	2年	3年	1年	2年	3年	1年	2年	3年
变量	*MIND_ ROA1*	*MIND_ ROA2*	*MIND_ ROA3*	*MIND_ CFO1*	*MIND_ CFO2*	*MIND_ CFO3*	*MIND_ MBA1*	*MIND_ MBA2*	*MIND_ MBA3*
STOCK	-0.125***	-0.156***	-0.216***	-0.051***	-0.054***	-0.054***	0.209	0.123	0.297*
	(-7.647)	(-7.627)	(-6.773)	(-7.260)	(-7.375)	(-6.515)	(1.494)	(1.090)	(1.859)
STATUS_ DUMMY	-0.007**	-0.009**	-0.013**	-0.001	-0.003	-0.001	-0.185***	-0.180***	-0.169***
	(-2.198)	(-2.379)	(-2.337)	(-0.361)	(-1.221)	(-0.573)	(-3.634)	(-3.850)	(-3.610)
CONSTANT	-0.275***	-0.341***	-0.438***	-0.108***	-0.115***	-0.131***	0.683***	0.442**	0.452**
	(-11.772)	(-11.117)	(-9.311)	(-9.445)	(-10.938)	(-11.599)	(3.527)	(2.410)	(2.512)
OBSERV ATIONS	17782	19623	21770	17782	19623	21770	11600	13454	15612
ADJUSTED R-SQUARE	0.159	0.149	0.126	0.116	0.122	0.093	0.032	0.036	0.035

注：***、**、*代表在1%、5%、10%的水平上显著。

3.3.4.5 收购方公司的管理层能力和其支付收购交易方式

为验证假设 3（H3），本节选择管理层能力作为自变量，并购支付方式作为因变量，进行回归分析。表 3-20 中第 1 列和第 2 列为使用哑变量（100%_ *CASH*）进行 logit 回归后的结果，在选取不同的控制变量组合后，管理层能力（*MA_ SCORE_ RANK*）的相关系数均显著为正（0.537，t=2.631；0.421，t=2.006）。第 3 列和第 4 列为使用连续变量进行线性回归后的结果（0.618，t=3.191；0.513，t=2.560），与第 1 列和第 2 列的结果相符，即管理层能力高的团队对于其并购决策有更强的信心，更倾向于选择现金对交易进行支付，而非采用与股东分享控制权和经营风险的股权支付方式，以牺牲股东利益为代价实现协同效应和创造企业价值。同时控制变量的系数方向与已有文献基本一致，即目标公司相对于收购方公司的规模越大，交易完全以现金支付的可能性就越低，而且目标公司的市价比越高，以现金作为收购支付媒介的概率就越低。

表 3-20 管理层能力与并购支付方式

变量	100%_ *CASH*	100%_ *CASH*	*CASH_ PER*	*CASH_ PER*
MA_ SCORE_ RANK	0.537***	0.421**	0.618***	0.513**
	(2.631)	(2.006)	(3.191)	(2.560)
MB	-0.015	-0.003	-0.029**	-0.023*
	(-0.950)	(-0.199)	(-2.337)	(-1.735)
TMB	-0.044***	-0.041***	-0.030***	-0.029***
	(-3.932)	(-3.808)	(-4.033)	(-3.801)
TSIZE	0.249	0.286	0.149	0.190
	(1.202)	(1.302)	(0.787)	(0.936)
RELATIVE	-1.938*	-2.686**	-1.246	-1.803*
	(-1.779)	(-2.279)	(-1.250)	(-1.653)
LEV		-0.837**		-0.521
		(-2.429)		(-1.615)
CAPX		-0.000***		-0.000*
		(-2.650)		(-1.809)
RD		0.000		0.000

续表

变量	100%_ CASH	100%_ CASH	CASH_ PER	CASH_ PER
		(0.954)		(0.186)
TAX_ LOSS		-0.793***		-0.647***
		(-3.203)		(-3.200)
CASH_ HOLD		0.768*		0.588*
		-1.858		(1.762)
PE		-0.003		-0.003
		(-0.860)		(-1.028)
CONSTANT	0.420	0.845	1.103	1.406
	(0.452)	(0.870)	(1.094)	(1.333)
OBSERVATIONS	2000	2000	2046	2046
PSEUDO R-SQUARE	0.090	0.100		
R-SQUARED			0.097	0.098

注：***、**、*代表在1%、5%、10%的水平上显著。

3.3.4.6 交易特征对管理层能力与收购后绩效关系的调节作用

3.3.4.6.1 管理层能力、横向并购与并购绩效

为考察管理层能力对收购后绩效的作用效果是否会受到并购类型的影响，本节在模型中加入管理层能力和横向并购的交乘项来检验假设4（H4）。以两位SIC代码为标准对公司所属行业进行分类，如果收购方公司和目标公司属于同一行业，则哑变量（*HORIZON*）等于1，定义为横向收购，反之，多元化收购时变量*HORIZON*取值为0。通过观察交互项（*MA_ SCORE_ RANK×HORIZON*）的系数判断与假设是否一致。如表3-21结果所示，交互项（*MA_ SCORE_ RANK×HORIZON*）的系数在收购后的1年、2年和3年都是显著的，而且符号方向与假设4的预期吻合，充分说明横向并购方式可以实现并购后协同效应的最大化。同时，本节注意到*MA_ SCORE_ RANK*的系数虽然符号为正，但是不显著，说明管理层的知识和技能在多元化收购中无法得到充分发挥，并且相比于横向收购，多元化收购中管理层很难为公司创造超额价值。

表 3-21 管理层能力、横向并购与并购绩效

	加权平均法			算术平均法		
	1 年	2 年	3 年	1 年	2 年	3 年
变量	CAR1_ V1	CAR1_ V2	CAR1_ V3	CAR1_ E1	CAR1_ E2	CAR1_ E3
MA_ SCORE_ RANK	0.003	0.012	-0.002	0.009	0.029	0.033
	(0.167)	(0.528)	(-0.081)	(0.587)	(1.214)	(1.072)
MA_ SCORE_ RANK＊HORIZON	0.049**	0.099***	0.089**	0.047**	0.102***	0.096**
	(2.056)	(2.864)	(1.996)	(1.979)	(2.916)	(2.113)
HORIZON	-0.005	-0.050**	-0.060**	-0.003	-0.052**	-0.062**
	(-0.345)	(-2.216)	(-2.028)	(-0.189)	(-2.258)	(-2.077)
SIZE	-0.004**	-0.008***	-0.026***	-0.004**	-0.006**	-0.018***
	(-2.013)	(-3.265)	(-7.761)	(-2.280)	(-2.463)	(-5.417)
LEV	0.225***	0.293***	0.267***	0.227***	0.300***	0.271***
	(11.286)	(10.034)	(7.093)	(11.409)	(10.161)	(7.099)
MB	-0.017***	-0.022***	-0.016***	-0.018***	-0.022***	-0.016***
	(-21.668)	(-19.147)	(-11.230)	(-21.859)	(-18.884)	(-10.732)
TAX_ LOSS	0.031***	0.064***	0.153***	0.027**	0.052***	0.139***
	(2.856)	(3.837)	(6.690)	(2.487)	(3.080)	(5.984)
SALE_ GROWTH	0.070***	0.004	-0.036	0.070***	0.007	-0.026
	(5.415)	(0.183)	(-1.435)	(5.362)	(0.373)	(-1.016)
CASH	0.038***	0.039***	0.044***	0.039***	0.042***	0.050***
	(4.953)	(3.532)	(3.071)	(5.096)	(3.770)	(3.475)
STOCK	-0.137***	-0.137***	-0.142***	-0.144***	-0.146***	-0.146***
	(-7.708)	(-5.387)	(-4.397)	(-8.099)	(-5.666)	(-4.459)
STATUS_ DUMMY	-0.001	-0.018	-0.027*	-0.000	-0.018	-0.023
	(-0.079)	(-1.450)	(-1.772)	(-0.041)	(-1.508)	(-1.484)
CONSTANT	-0.283***	-0.260***	0.019	-0.265***	-0.272***	-0.074*
	(-13.391)	(-8.442)	(0.486)	(-12.572)	(-8.735)	(-1.857)
OBSERVATIONS	21675	18563	15677	21675	18563	15677
ADJUSTED R-SQUARE	0.099	0.095	0.070	0.098	0.093	0.068

注：***、**、*代表在 1%、5%、10%的水平上显著。

3.3.4.6.2 管理层能力、连续并购与并购绩效

本节将测试管理层能力在连续收购和非连续收购中产生的效用差异。Weber（2000）认为，过去的并购经验为未来的收购整合过程提供了有意义的指导，并且 Jemison 和 Sitkin（1986）指出，收购方公司的管理者可以从以往的并购案例中积累经验。参考 Fuller 等（2002）的方法，如果收购方在样本期间的五年窗口内对五个或更多目标投过标，则哑变量（*SERIAL*）取值为 1。

在构建此分析样本过程中为了避免“一揽子”收购的可能，本节剔除了集群收购者（投标公司在 5 天内收购了两家或更多目标公司），并在回归模型中加入交互项（*MA_ SCORE_ RANK×SERIAL*）以检验连续收购与收购方公司管理层能力的相互作用。如表 3-22 结果所示，交互项对长期收购的六个指标的系数均显著为正，与管理层能力是提高组织绩效的主要驱动因素的观点一致，说明具有丰富收购经验的管理者在处理并购后整合问题方面更具有优势，更能实现协同效应的最大化进而提升企业价值。

表 3-22 管理层能力、连续并购与并购绩效

	加权平均法			算术平均法		
	1年	2年	3年	1年	2年	3年
变量	CAR1_ V1	CAR1_ V2	CAR1_ V3	CAR1_ E1	CAR1_ E2	CAR1_ E3
MA_ SCORE_ RANK	-0.024	-0.043	-0.106	-0.017	-0.031	-0.079
	(-0.765)	(-0.937)	(-0.938)	(-0.569)	(-0.666)	(-0.703)
*MA_ SCORE_ RANK * SERIAL*	0.080*	0.149**	0.171*	0.080*	0.161**	0.189*
	(1.867)	(2.293)	(1.679)	(1.878)	(2.442)	(1.757)
SERIAL	-0.075***	-0.145***	-0.192**	-0.072***	-0.148***	-0.193**
	(-2.666)	(-3.229)	(-2.438)	(-2.578)	(-3.226)	(-2.320)
SIZE	0.002	0.001	-0.006	0.001	0.003	0.002
	(0.526)	(0.131)	(-0.478)	(0.369)	(0.486)	(0.149)
LEV	0.204***	0.263***	0.249***	0.202***	0.263***	0.235**
	(5.347)	(4.373)	(2.614)	(5.356)	(4.359)	(2.420)
MB	-0.016***	-0.022***	-0.018***	-0.016***	-0.021***	-0.017***
	(-8.872)	(-8.513)	(-2.854)	(-8.812)	(-8.280)	(-2.613)

续表

	加权平均法			算术平均法		
	1 年	2 年	3 年	1 年	2 年	3 年
变量	CAR1_ V1	CAR1_ V2	CAR1_ V3	CAR1_ E1	CAR1_ E2	CAR1_ E3
TAX_ LOSS	0. 043**	0. 061*	0. 123**	0. 038*	0. 051	0. 118**
	(2. 060)	(1. 750)	(2. 396)	(1. 839)	(1. 466)	(2. 251)
SALE_ GROWTH	−0. 012	−0. 022	−0. 015	−0. 010	−0. 021	−0. 015
	(−1. 198)	(−1. 570)	(−0. 981)	(−1. 076)	(−1. 447)	(−0. 900)
CASH	0. 039***	0. 033**	0. 049**	0. 041***	0. 038**	0. 061***
	(4. 034)	(2. 214)	(2. 423)	(4. 283)	(2. 514)	(3. 074)
STOCK	−0. 135***	−0. 128***	−0. 155**	−0. 144***	−0. 140***	−0. 168**
	(−4. 630)	(−3. 160)	(−2. 155)	(−4. 903)	(−3. 432)	(−2. 241)
STATUS_ DUMMY	−0. 004	−0. 016	−0. 033	−0. 005	−0. 020	−0. 037
	(−0. 428)	(−1. 044)	(−1. 234)	(−0. 469)	(−1. 224)	(−1. 385)
CONSTANT	−0. 221***	−0. 179***	0. 303	−0. 201***	−0. 187***	0. 208
	(−5. 829)	(−3. 155)	(0. 681)	(−5. 353)	(−3. 284)	(0. 480)
OBSERVATIONS	14071	12019	10101	14071	12019	10101
ADJUSTED R-SQUARE	0. 091	0. 087	0. 056	0. 091	0. 085	0. 053

注：***、**、*代表在 1%、5%、10%的水平上显著。

3. 3. 5 稳健性检验

3. 3. 5. 1 匹配样本分析

为了加强结果的稳健性，本节通过构建匹配样本的方式检验收购方公司的管理层能力与其收购后绩效之间的正相关关系是否仍然存在。在管理能力方面，本节选取前 30%的公司作为本节的实验组，然后以两位 SIC 代码、会计年度和公司规模为标准，利用剩余 70%的公司对治疗组公司进行匹配。在对治疗组公司进行一对一匹配后，最终样本包含 3622~4266 个观察值。在此基础上，本节利用检验管理层能力与公司长期回报（*BHARs* 和 *CARs*）关系的模型对匹配样本进行分析。结果如表 3-23 所示，A 组是以 *BHAR* 为因变量进行回归的结果。管理层能力（*MA_ SCORE_ RANK*）并购后1年、2年和3年的六个指标的相关系数均显著为正。B组是以*CAR*为因变量的回归结果，其系数为正，部分指标在统计意义上显著。总体而言，匹配分析的结果与早期结果一致。

表3-23 匹配样本回归

A组：购入—持有超额收益						
	加权平均法			算术平均法		
	1年	2年	3年	1年	2年	3年
变量	BHAR1_ V1	BHAR1_ V2	BHAR1_ V3	BHAR1_ E1	BHAR1_ E2	BHAR1_ E3
MA_ SCORE_ RANK	0.074***	0.122***	0.053**	0.080***	0.143***	0.061***
	(2.808)	(2.967)	(2.534)	(3.051)	(3.490)	(2.984)
SIZE	-0.004	-0.009	-0.007**	-0.002	-0.006	-0.006*
	(-0.881)	(-1.448)	(-2.154)	(-0.460)	(-0.954)	(-1.696)
LEV	0.297***	0.386***	0.211***	0.296***	0.386***	0.214***
	(7.195)	(5.484)	(5.849)	(7.231)	(5.504)	(5.989)
MB	-0.008***	-0.011***	-0.008***	-0.008***	-0.010***	-0.008***
	(-5.604)	(-4.529)	(-6.050)	(-5.719)	(-4.462)	(-6.237)
LOSS	0.044	0.070	0.048*	0.044	0.071	0.047*
	(1.611)	(1.385)	(1.893)	(1.582)	(1.383)	(1.852)
SALE_ GROWTH	0.002	-0.015	-0.004	-0.003	-0.019	-0.006
	(0.153)	(-0.945)	(-0.461)	(-0.255)	(-1.229)	(-0.717)
CASH	0.043***	0.064***	0.033***	0.049***	0.072***	0.037***
	(2.853)	(2.925)	(2.977)	(3.234)	(3.247)	(3.320)
STOCK	-0.115***	-0.126**	-0.044	-0.122***	-0.133**	-0.047
	(-3.509)	(-2.354)	(-1.423)	(-3.732)	(-2.446)	(-1.533)
STATUS_ DUMMY	-0.010	-0.024	-0.021	-0.005	-0.017	-0.018
	(-0.586)	(-0.862)	(-1.487)	(-0.264)	(-0.622)	(-1.251)
CONSTANT	-0.198***	-0.149**	-0.054	-0.207***	-0.195***	-0.077**
	(-4.942)	(-2.268)	(-1.571)	(-5.129)	(-2.958)	(-2.255)
OBSERVATIONS	4266	3628	3622	4266	3628	3622
ADJUSTED R-SQUARE	0.070	0.068	0.069	0.071	0.081	0.073

B组：累计超额收益						
	加权平均法			算术平均法		
	1年	2年	3年	1年	2年	3年
变量	CAR1_ V1	CAR1_ V2	CAR1_ V3	CAR1_ E1	CAR1_ E2	CAR1_ E3
MA_ SCORE_ RANK	0.116***	0.124***	0.080	0.116***	0.124***	0.095
	(3.842)	(2.848)	(1.356)	(3.820)	(2.813)	(1.571)
SIZE	-0.002	-0.006	-0.030***	-0.001	0.001	-0.013
	(-0.513)	(-0.863)	(-3.477)	(-0.193)	(0.203)	(-1.439)
LEV	0.222***	0.312***	0.369***	0.218***	0.306***	0.344***
	(4.555)	(4.168)	(3.757)	(4.461)	(4.012)	(3.446)
MB	-0.015***	-0.020***	-0.018***	-0.015***	-0.020***	-0.017***
	(-6.079)	(-5.871)	(-4.655)	(-6.019)	(-5.676)	(-4.324)
LOSS	0.052*	0.086*	0.176***	0.055*	0.086*	0.180***
	(1.830)	(1.835)	(2.993)	(1.941)	(1.818)	(3.118)
SALE_ GROWTH	0.002	-0.009	0.017	0.004	-0.007	0.021
	(0.139)	(-0.454)	(0.836)	(0.343)	(-0.384)	(1.031)
CASH	0.050***	0.044*	0.107***	0.054***	0.051**	0.113***
	(2.918)	(1.774)	(3.342)	(3.155)	(2.038)	(3.489)
STOCK	-0.098**	-0.066	-0.023	-0.102**	-0.074	-0.025
	(-2.012)	(-0.977)	(-0.289)	(-2.087)	(-1.096)	(-0.304)
STATUS_ DUMMY	-0.007	-0.060**	-0.035	-0.005	-0.056*	-0.026
	(-0.337)	(-2.069)	(-0.919)	(-0.249)	(-1.915)	(-0.673)
CONSTANT	-0.312***	-0.313***	-0.039	-0.301***	-0.346***	-0.178*
	(-6.273)	(-4.391)	(-0.426)	(-6.081)	(-4.853)	(-1.932)
OBSERVATIONS	4254	3615	3088	4254	3615	3088
ADJUSTED R-SQUARE	0.087	0.093	0.063	0.084	0.088	0.059

注：***、**、*代表在1%、5%、10%的水平上显著。

3.3.5.2 管理层能力和收购后长期回报的替代变量

尽管研究（Bertrand 和 Schoar，2003；Demerjian 等，2012）表明，早期文献中所使用的管理层能力测量方法是有噪声的，但实证结果依然可以部分解释管理层能力的作用。因此，本节在已有变量基础上，用以前研究中衡量管理层能力的指标——CEO 个人特征，进行附加检验，以测试收购方公司的管理层能力对收购后的业绩表现的积极关系是否依旧存在。本节收集了 2000—2012 年内 CEO 总薪酬（源于 Compustat ExecuComp 数据库）、授予的股票期权价值、CEO 任期、CEO 持有的股权和 2 年历史回报数据作为管理能力的替代衡量指标（Demerjian 等，2012；Milbourn，2003）。

第一个衡量指标为根据上一个会计年度总资产进行调整的总薪酬（*FLOW_ COMP*），其中总薪酬披露方式是以 1992 年报告格式（项目：TDC1）为标准。第二个衡量指标是授予的股票期权价值（*VALUE_ OPTION*），它是会计年度末的既定和非既定期权的估计总和（*OPT_ UNEX_ EXER_ EST_ VAL+OPT_ UNEX_ UNEXER_ EST_ VAL*）。第三个衡量指标是 CEO 任期，如果公司的首席执行官从第 $t-1$ 年到第 t 年没有变化，本节将年限加 1 作为指标数据（*CEO_ TENURE*）。第四个衡量指标是 CEO 持有的股权（*STOCK_ HELD*）。第五个衡量指标是公司 2 年历史回报数据，对两年（从第 $t-2$ 年到第 $t-1$ 年）根据行业进行调整的回报做价值加权处理。

使用管理层能力替代指标进行回归的结果如表 3-24 所示。和预期一致，结果并非完全显著。对于收购方的长期回报，CEO 的总薪酬与收购后第二年和第三年的回报显著正相关，与第一年的回报的正向关系不显著。其他替代变量与收购后的绩效之间大多不显著，有的甚至是负相关（参见 B 组-E 组结果）。总体而言，结果证实了传统管理层能力衡量标准的嘈杂性以及 Demerjian 等（2012）方法的有效性。

表 3-24　其他管理层能力指标

A 组：CEO 薪酬

	加权平均法			算术平均法		
	1 年	2 年	3 年	1 年	2 年	3 年
变量	BHAR1_ V1	BHAR1_ V2	BHAR1_ V3	BHAR1_ E1	BHAR1_ E2	BHAR1_ E3
FLOW_ COMP	0.002	0.010**	0.004**	0.002	0.009**	0.004*
	(0.578)	(2.173)	(1.980)	(0.599)	(2.079)	(1.886)
CONSTANT	0.216***	0.392***	0.165***	0.203***	0.369***	0.153***
	(4.664)	(4.950)	(4.528)	(4.466)	(4.616)	(4.153)

续表

	加权平均法			算术平均法		
	1 年	2 年	3 年	1 年	2 年	3 年
变量	BHAR1_ V1	BHAR1_ V2	BHAR1_ V3	BHAR1_ E1	BHAR1_ E2	BHAR1_ E3
CONTROL	YES	YES	YES	YES	YES	YES
OBSERVATIONS	11275	9832	9832	11275	9832	9832
R-SQUARED	0. 059	0. 073	0. 084	0. 060	0. 075	0. 079
ADJUSTED R-SQUARE	0. 054	0. 067	0. 078	0. 055	0. 069	0. 073

B 组：CEO 股权激励授予

	加权平均法			算术平均法		
	1 年	2 年	3 年	1 年	2 年	3 年
变量	BHAR1_ V1	BHAR1_ V2	BHAR1_ V3	BHAR1_ E1	BHAR1_ E2	BHAR1_ E3
VALUE_ OPTION	-0. 001***	-0. 002**	-0. 001**	-0. 001**	-0. 002**	-0. 001**
	(-2. 747)	(-2. 193)	(-2. 242)	(-2. 512)	(-2. 167)	(-2. 212)
CONSTANT	0. 272***	0. 549***	0. 230***	0. 256***	0. 519***	0. 215***
	(5. 738)	(6. 411)	(6. 169)	(5. 513)	(6. 069)	(5. 764)
CONTROL	YES	YES	YES	YES	YES	YES
OBSERVATIONS	11330	9887	9887	11330	9887	9887
R-SQUARED	0. 061	0. 072	0. 084	0. 062	0. 074	0. 079
ADJUSTED R-SQUARE	0. 056	0. 066	0. 078	0. 057	0. 068	0. 073

C 组：CEO 任期

	加权平均法			算术平均法		
	1 年	2 年	3 年	1 年	2 年	3 年
变量	BHAR1_ V1	BHAR1_ V2	BHAR1_ V3	BHAR1_ E1	BHAR1_ E2	BHAR1_ E3
CEO_ TENURE	0. 001	-0. 000	0. 001	0. 001	-0. 000	0. 000
	(0. 877)	(-0. 011)	(0. 449)	(0. 884)	(-0. 084)	(0. 375)
CONSTANT	0. 228***	0. 496***	0. 203***	0. 217***	0. 466***	0. 189***
	(5. 081)	(6. 174)	(5. 748)	(4. 913)	(5. 779)	(5. 292)
CONTROL	YES	YES	YES	YES	YES	YES
OBSERVATIONS	11336	9893	9893	11336	9893	9893

续表

	加权平均法			算术平均法		
R-SQUARED	0.059	0.070	0.082	0.060	0.072	0.077
ADJUSTED R-SQUARE	0.054	0.064	0.076	0.055	0.066	0.071

D组：CEO持股情况

	加权平均法			算术平均法		
	1年	2年	3年	1年	2年	3年
变量	BHAR1_ V1	BHAR1_ V2	BHAR1_ V3	BHAR1_ E1	BHAR1_ E2	BHAR1_ E3
STOCK_ HELD	0.000	-0.001	-0.000	0.000	-0.001	-0.000
	(0.132)	(-0.286)	(-0.089)	(0.038)	(-0.471)	(-0.216)
CONSTANT	0.293***	0.632***	0.249***	0.267***	0.563***	0.217***
	(3.918)	(4.765)	(4.340)	(3.578)	(4.158)	(3.669)
CONTROL	YES	YES	YES	YES	YES	YES
OBSERVATIONS	6596	5259	5259	6596	5259	5259
R-SQUARED	0.053	0.080	0.086	0.056	0.081	0.085
ADJUSTED R-SQUARE	0.044	0.069	0.076	0.047	0.070	0.074

E组：历史绩效

	加权平均法			算术平均法		
	1年	2年	3年	1年	2年	3年
变量	BHAR1_ V1	BHAR1_ V2	BHAR1_ V3	BHAR1_ E1	BHAR1_ E2	BHAR1_ E3
HISTORICAL RETURN	-0.029	-0.110**	-0.054**	-0.036	-0.116**	-0.057**
	(-0.978)	(-2.159)	(-2.196)	(-1.290)	(-2.268)	(-2.340)
CONSTANT	0.207*	0.516***	0.215**	0.137	0.404**	0.158*
	(1.714)	(2.867)	(2.215)	(1.254)	(2.303)	(1.653)
OBSERVATIONS	11214	9778	9778	11214	9778	9778
R-SQUARED	0.061	0.073	0.085	0.062	0.075	0.080
ADJUSTED R-SQUARE	0.056	0.067	0.080	0.057	0.069	0.075

注：***、**、*代表在1%、5%、10%的水平上显著。

3.3.5.3 其他计算方式下的 BHAR 和 CAR 和财务绩效的替代变量

由于计算长期 *BHAR* 和 *CAR* 的基准是有争议的，本节进行了一系列附加稳健性测试。首先，本节使用基本的市场模型对数据进行再一次回归。其次，本节使用其他两种复式方法计算 *BHAR*（Ikenberry 等，1995）。最后，本节使用根据行业平均值调整后的财务绩效做敏感性分析。上述结果都充分支持本节前文的观点。

3.3.6 研究结论

本研究为收购方公司的管理层能力对其收购后绩效的影响提供实证依据。并购是一个复杂的动态整合过程，涉及对并购后的协同效益和潜在的文化冲突的权衡。公司高管的卓越能力可以大大提升并购成功的可能性，他们可以利用其专业的知识帮助公司在并购整合过程中追求利益价值最大化。本节参考 Demerjian 等（2012）的方法，从企业资源角度，即假设与同行业相比，管理者将资源转化为公司销售收入的效率与管理层能力紧密相关，对管理层能力进行量化。实证结果表明，管理层能力高的公司在收购后市场回报绩效和财务绩效方面的表现明显强于管理层能力低的公司。

到目前为止，本研究是在并购行为领域中第一个使用直接和全面的方法对管理层能力测量，极具创新突破性，并得出管理层能力和收购后的公司业绩表现之间存在正向关系的结论，为相关研究提供了文献补充。此前的文献对于收购后公司业绩的变化趋势没有得到统一的结果，并且发现不同公司在并购完成后的表现存在巨大差异（Agrawal 和 Jaffe，2000；King 等，2004；Tuch 和 O'Sullivan，2007）。本节对管理层能力进行量化，并解释了收购方业绩差异的可能原因，进而强调了管理层能力对收购后业绩的调节作用及其重要地位。

管理层能力是指管理团队成员的知识，技能和经验。研究结果表明，管理层能力对绩效的积极影响在横向收购或连续收购中更为明显。这表明，有能力的经理人在寻找合适的目标公司和整合并购后资源的过程中发挥着至关重要的作用，并更能帮助企业成功实现协同效应，而且，当收购方公司和被收购处于同一行业时，此作用效果更为明显。同时，本节还发现丰富的经验驱使经理人偏好以现金而非股票的方式支付交易，充分体现高管团队对收购的信心及其收购目的——在保护股东利益的同时追求协同效益最大化。相反，经验不足的经理人则通过股票支付的方式以达到利用股东分散收购风险的目的。

本节通过实证研究证明管理层能力是导致并购后业绩差异化的决定性因素，基于此，本节对未来的研究有以下两方面的建议：第一，未来文献可以进一步探索对管理层能力产生调节作用的其他变量，并研究其对管理层能力效用的影响程度以及方式；第二，学者可以继续发掘其他驱动业绩差异的因素，以更好地解释并购后业绩多样化的原因。

第4章

管理层能力与企业股价崩盘风险

4.1 问题的提出

90 年前发生在美国的股票崩盘事件引来无数投机者的破产自杀，同时，也使得股价崩盘等极端尾部事件受到监管层、投资者以及学术界的广泛关注。股价崩盘指的是股价在短时间内大幅下跌的现象。根据美林银行 2018 年 10 月的调查报告，结果显示美国股市离熊市已经不远了，与 5 月相比，衡量美股波动性的美国芝加哥期权交易所（CBOE）“波动指数”（VIX，又称“恐慌指数”）突破了 20 关口，10 月初美股的动荡一度令 VIX 在两周内最大涨幅近 100%。同时，全球基金经理人现金水平（FMS Cash Level）为 5.1%。一般认为，当现金部分在 3.5%以下，则代表应该卖出股票离开市场。股价崩盘对投资者而言打击无疑是致命的，因此，探索了解影响股价崩盘的影响因素，成为近几十年来西方国家金融和会计领域研究的热点话题。

Jin 和 Myer（2006）的理论研究模型表明，管理层对负面新闻的隐藏会从公司层面引发股票崩盘行为。一系列的激励方案促使管理层选择优先公布好消息（Hutton 等，2009；Kothari 等，2009；Kim 等，2011a，2011b），但当坏消息超出管理层的隐藏能力时，将被集中释放到市场上，引起股价暴跌，即股票崩盘（Jin 和 Myers，2006；Kim 和 Zhang，2016）。文献发现企业层面特征会对管理层隐藏坏消息的行为产生影响，如避税行为（Kim 等，2011a）、高管薪酬（Kim 等，2011b）、财务报告特点（Kim 和 Zhang，2016）以及公司的股权结构（Hong 等，2017）等，但是少有文献关注管理层能力的异质性对股价暴跌现象的影响。Kim 等（2016）发现经理人的过度自信更有可能导致企业的股票崩盘。由于包括 CEO 和其他高级经理人在内的管理层团队是公司运行中的决定性动力（Fama，1980；Bertrand 和 Schoar，2003），所以了解管理层能力对企业决策制定的干预程度和对股价的影响是至关重要的，鉴于此，本节将主要讨论管理层能力与公司股票价格之间的关系。

根据现有的文献，我们推测管理层能力对股票崩盘的影响存在正反两方面的观点。第一种观点认为管理层能力会从公司层面增加股价崩盘风险。出色的管理者在劳动力市场上更容易被认可，进而获得较高的声誉（Ali 等，2015；Fee 和 Hadlock，2003）。同时，外部投资者基于其可获取的信息对管理层的能力和业绩进行评价，因此在信息披露后，高管面临着巨大的风险，反应在其获得的薪酬金额以及股票期权数量，甚至是被解聘的风险（Hermalin 和 Weisbach，2007；Verrecchia，2001）。一系列的代价驱使高管对公司信息进行选择性披露，推迟负面消息的公布时间，而且能力强的管理者拥有良好的知识储备，更能帮助他们进行操作以隐藏坏消息（Coff，1999；Holcomb 等，2009）。Koester 等（2018）与 Baik 等（2017）发现避税行为在管理层能力强的公司更为常见，同时这些公司的收入趋势较为平滑。能力出色的经理人认为其经验优势可以帮助他们囤积坏消息，因此对外部市场业绩评价的关注诱导他们隐藏坏消息，导致了公司面临着股票崩盘的风险。另外，优秀的高管团队的风险活动的参与度增加了公司资产价格大幅下跌的可能性。研究表明，能力强的经理人对风险的容忍度较高，并对其在投资过程中对控制风险和规避不确定性的能力极具信心（Kim 等，2016；Yuan 等，2017），因此会使公司面临巨大的投资风险（Chen 等，2015；Yung 和 Chen，2018）。所以即便是面临一个前景不好的项目，能力强的管理者也不会轻易放弃，因为他们相信自己有能力改善未来的经营绩效。这种观念在管理层能力强的团队间不断发展，最终导致公司价值的暴跌（Bleck 和 Liu，2007）。综上所述，能力出色的管理者具有更明显的动机和机会隐瞒坏消息，从而提高公司面临股票崩盘危机的可能性。

与其相反，第二种观点认为管理层能力与股价崩盘发生的概率负相关。一方面，能力强的管理者对公司的运营情况有更透彻的理解，并能通过提升公司资源利用率的方式增强企业价值（Demerjian 等，2013）。Baik 等（2011）发现能力强的管理者更能对未来收益进行准确的预测。同时 Demerjian 等（2013）发现出色的管理者对坏账准备金额的把握更为恰当，减少公司对坏账金额重新统计的可能性和出现坏账金额错误的概率。随着公司信息透明度的提升以及市场对经理人行为的约束，我们认为管理层囤积坏消息的机会将逐渐减少，从而降低股价暴跌的风险（Hutton 等，2009）。另一方面，尽管卓越的管理层有更大的可能使公司经营面临风险，但他们有应对不确定性和风险的良好措施方案（Yuan 等，2017），因此公司面临非效率投资以及股票崩盘的可能性较低。

为了对上述观点进行检验，本节选取 1991—2014 年的 53148 个观察值为样本，并利用 Demerjian 等（2012）的方法对管理层能力进行衡量。除此之外，本节用历史回报率和 CEO 薪酬指标（Chikh 和 Filbien，2011；Walters 等，2007）进行稳健性检验。Demerjian 等（2012）首先基于管理层对企业营业收入的贡献度对效率进行测量，然后剔除公司层面的效率影响因素，得到管理者层面的效率，并以此代表管理层的能力。在此基础上，Demerjian 等进行了一系列补充研究，旨在说明此方法的有效性和优越性。参考 Chen 等（2001）与 Hutton 等（2009）的研究方法，本节用公司月回报率的负偏度（*NCSKEW*），不对称波动率（*DUVOL*）和负极端值概率（*CRASH*）衡量公司股价崩盘的风险，同时上述指标的选取原则与现有研究公司股票崩盘的文献保持一致（Kim 等，2011a，2011b；Callen 和 Fang，2017；Kim 和 Zhang，2016；Hong 等，2017）。

研究结果表明，管理层能力与公司股票崩盘风险之间存在显著的正向关系，说明卓越的管理能力提升了公司面临股价暴跌风险的概率。在控制了公司特征对崩盘事件的影响以及行业和年度的固定效应后，结果依然成立。另外，为缓解内生性问题，本节进一步在主回归的基础上控制了公司的固定效应，采用 Heckman（1979）两阶段模型以及利用高管的离职情况进行了差分分析，正向关系依旧存在。除此之外，即便是用管理层能力的替代指标，实证结果依然存在，这为本节的主要回归结果提供了有力的支持。综上，本节认为管理层能力是导致公司面临崩盘风险的重要驱动因素。

为了加强管理层能力提升公司风险的结论，本节在主回归模型基础上分别加入多个交乘项，结果显示随着管理层对职业发展的关心，对专业知识的掌握程度以及公司对风险的偏好程度的增加，管理层能力的影响愈加显著。同时，本节发现在信息不对称问题较严重的情况下，优秀的管理者具有更强的动机和更明显的机会隐瞒坏消息，从而增加了未来股价崩盘的可能性。

最后，基于 Kim 等（2018a）研究，本节还将试图探索管理层能力对股价崩盘风险的影响渠道。具体而言，通过两阶段回归，本节发现管理层能力通过增加隐藏坏消息的行为（用财务报告的不透明度衡量）进而作用于股价崩盘风险；同时，本节发现了第二个可能导致管理层能力与股价崩盘风险正向关系的可能渠道，即管理层的错误投资行为（用过度投资衡量）是产生影响的媒介。因此，管理能力强的经理人通过坏消息囤积和错误投资行为增加公司面临未来股价崩盘的风险。

本节的创新和贡献主要在以下两个方面：

第一，有效补充了对股价崩盘的相关研究。近期越来越多的文献关注公司股价崩盘风险的影响因素（Bleck 和 Liu，2007；DeFond 等，2015；Hutton 等，2009；Jin 和 Myers，2006；Kim 等，2011a，2011b；Kim 和 Zhang，2016；Chen 等，2018），发现股票崩盘与公司避税行为（Kim 等，2011a）和财务报表披露方式（Kim 和 Zhang，2016）有关。然而这些文献主要是从公司层面因素出发，忽略了经理人团队在公司经营中扮演决策者的影响。Kim 等（2016）从管理层个人特征中的过度自信的角度出发，研究了其对公司崩盘行为的影响，并发现过度自信的 CEO 提升了公司未来股价暴跌的风险。管理层通过其行为和决策影响公司的业绩，进而影响股价，同时资本市场上股价的波动对投资者具有重大影响。在本节中，将具体分析管理层能力对公司股价产生什么影响以及其影响路径，因此在影响股价崩盘风险的因素选取方面，本节具有一定的创新性。

第二，拓宽了管理层能力的研究方向，本节研究了其对股票价格的影响，并发现能力强的管理团队增加了公司未来面临股价暴跌风险的概率，严重威胁了投资者的利益。现有文献主要是研究管理层能力为公司的运营带来的好处。优秀的管理者可以减少财务报表重新绘制的可能（Demerjian 等，2013），并帮助公司更准确地预测未来业绩（Baik 等，2011）。本节发现，考虑到高管的职业发展，卓越的经理人更具有能力隐藏负面新闻，从而导致未来的股票崩盘。结论与 Eisfeldt 和 Papanikolaou（2013）的理论观点一致，揭示了管理层能力潜在的黑暗面。

4.2 理论分析与研究假设

4.2.1 管理层能力

企业管理者被视为一种劳动要素投入，在企业的生产过程中发挥着重要作用（Jensen 和 Meckling，1976）。他们利用企业的资源开展业务，并在投资、财务和战略规划等方面做出决策（Fama，1980）。Betrand 和 Schoar（2003）发现经理人并非同质的，管理风格在企业运营和绩效方面占据关键地位。

大量文献表明管理者的异质性是由于其在管理能力方面的差异。一些研究认为，能力强的管理者具有卓越的商业知识，从而促进公司的经营表现并提高财务信息披露质量（Demerjian 等，2013；Baik 等，2011；Leverty 和 Grace，2012）。Baik 等（2011）发现，管理层能力与收益预测的准确性之间存在正相关关系。Demerjian 等（2013）发现，优秀的管理能力可以帮助公司减少对报表的重述以及坏账管理错误，并维持高收益的持续性。Huang 和 Sun（2017）的结果表明，出色的经理人可以通过限制盈余管理行为进而减少其对未来业绩的负面影响。Guan 等（2017）认为，管理层能力提高了股东分红对税率敏感度

另一些研究认为，当管理者和股东之间利益不一致时，管理者卓越的

能力将加剧代理问题。基于 Eisfeldt 和 Papanikolaou（2013）的理论模型，Mishra（2013）发现 CEO 能力的提升增加了公司股权融资的成本，因为投资者对拥有丰富人力资源的公司会给予较高的未来回报期望。Koester 等（2018）发现，高能力的管理者与企业避税行为有关。

同时，也有研究认为高能力的管理者更容易关注风险高的投资机会（Yung 和 Chen，2018）。Chen 等（2015）发现管理层能力促进了企业的创新能力。Yuan 等（2017）检测了经理人能力与企业社会责任之间的关系，发现优秀的 CEO 更有可能投资于更能充分体现企业社会责任的项目，尽管对企业社会责任的投资是一项长期的具有不确定性的活动。

4.2.2 股票崩盘风险

自 2008 年金融危机以来，股票价格暴跌，即在股票回报中出现大量的负面异常值，一直是投资者关注的焦点。管理者对坏消息的隐瞒被认为是企业股票价格崩溃的关键性因素（Jin 和 Myers，2006；Bleck 和 Liu，2007；Hutton 等，2009；Kim 和 Zhang，2015）。研究发现一系列因素，如职业发展和期权薪酬合同，激励管理者推迟对坏消息的发布（Kothari 等，2009；Kim 等，2011a，2011b）等均会增加公司股票的崩盘风险。然而，经理人对坏消息囤积的能力不是无限的，当累积的负面信息达到临界点时，所有负面新闻将一起释放给公众，导致瞬间的大规模股价下跌，即为崩盘。

Jin 和 Myers（2006）通过建立理论模型发现，财务信息的低透明度使管理者能够更轻松地隐藏坏消息，DeFond 等（2015）与 Kim 和 Zhang（2015）的研究表明，国际财务报告准则（IFRS）提倡的稳健性原则的约束可以提升财务报告的透明度，进而降低未来股价暴跌的可能性。

此外，管理者的决策也会对股票崩盘风险产生影响。Bleck 和 Liu（2007）认为，管理者可能为了自身利益而在相对长的一段时间内执行一个不好的项目，当其糟糕的业绩信息积累到一定程度后，将造成资产价格的大幅下降，与上述观点一致，Jia（2018）发现企业的创新活动增加了未来崩盘的可能性。

4.2.3 管理层能力对股票崩盘的影响

现有研究对管理层如何影响公司股价崩盘风险可以分为正反两派观点。其中一派的观点是管理层能力增加了股价暴跌的可能。对职业发展的关注使得管理层对坏消息披露所带来的公司业绩下跌更为敏感，进而更倾向于隐藏负面新闻。研究表明管理层能力会对公司业绩产生影响，这种持续性影响会作用于管理层的发展前景（Kor 和 Mesko，2013；Milbourn，2003；Rajgopal 等，2006）。因此管理层偏好于用公司良好的经营情况提升自己在人力市场的知名度和声誉（Ali 等，2015；Fee 和 Hadlock，2003）。同时已有实证结果显示，管理层对职位的追求促使他们延迟对坏消息的披露，以此防止业绩的巨大波动（Kothari 等，2009；Verrecchia，2001；Nagar，1999；Kim，1999）。由此可见，优秀的管理层有能力也有动机对信息进行选择性披露，但当囤积的负消息数量达到一定数量时，对额外坏消息进行隐藏的成本过高，从而导致积攒的坏消息被同时释放给公众，对公司的股票价格造成威胁，导致崩盘。

此外，优秀的管理者对公司所处行业的运营环境有更好的了解（Coff，1999；Holcomb 等，2009），因此他们更有机会通过一系列秘密活动对坏消息进行隐藏（Kim 等，2011a，2011b）。

Koester 等（2018）发现，拥有较高管理经验的经理人更有可能进行避税行为，如做地区缴税规划，将公司收入转移到避税天堂以及了解信贷索赔。Baik 等（2017）发现高能力的管理者更有可能通过盈余管理平滑公司收入。综上所述，卓越的管理者更有动机隐藏企业的负面新闻，可能导致公司未来的股价崩盘。

最后，管理层的能力与企业高风险的活动也具有紧密的联系（Chen 等，2015；Yuan 等，2017），能力较高的管理者更偏好高风险、高收益的项目，这也会增加公司股价暴跌的潜在风险。出色的能力使得管理层具有足够的信心承担风险（如通过增加对创新活动的关注度）以抓住具有利润空间的机会（Chen 等，2015；Yung 和 Chen，2018）。对风险的高包容同时也增加了管理层做出投资高风险甚至是负净现值项目行为的可能性（Bargeron等，2010）。在这种情况下，管理层对未来良好业绩的信心赋予他们尽可能长时间持有项目的动力（Kim等，2016）。最终负净现值项目造成不好业绩的新闻持续累积，导致股价大幅下跌（Bleck和Liu，2007）。

与上述观点相反，另一派学者认为管理层能力可以提升公司对资源的利用效率，进而降低公司未来股价暴跌的可能性。出色的管理者可以有效地管理公司资源，以此为公司带来更大的收入。因此管理层能力被认为是提升公司价值和确保财务信息质量的关键因素。Demerjian等（2013）发现管理层能力可以帮助公司减少对坏账项目的记录错误。同时，Baik等（2011）发现更有能力的经理人更善于预测公司未来的收益。信息的高透明度降低了管理层隐藏坏消息的机会，从而减少公司股价暴跌的风险（Hutton等，2009）。此外，经理人的管理能力帮助其对公司的运营状况有更好的理解，因此能够更好地处理风险投资中的不确定性。Yuan等（2017）发现优秀的管理者更注重于对公司社会责任有利项目的投资，即便这些活动具有潜在的风险。因此，出色的管理能力能帮助公司降低投资风险，从而降低公司股票价格崩盘的可能性。

上述讨论说明现有文献并没有对管理层的影响达成统一共识，因此管理层能力对公司股价波动的作用效果更具有研究价值，鉴于此，本节提出如下的竞争性假设：

H1a：管理层能力与公司股价崩盘之间呈现正相关关系。

H1b：管理层能力与公司股价崩盘之间呈现负相关关系。

4.3 研究设计

4.3.1 数据和样本

本节选取CRSP和Compustat数据库中1991—2014年的数据作为研究样本，将其与利用Demerjian等（2012）方法计算出的管理层能力进行合并，在剔除数据不全的样本公司后，只保留总资产和权益市场价值均为正数的观察值。同时，为了更精确地衡量公司股价崩盘风险，本节将关注点集中在每年至少对 26 周的回报率进行披露的公司。最终，本节将 1991—2014 年的样本规模控制在 53148 个观察值。

4.3.2 管理层能力的衡量

本节使用 Demerjian 等（2012）数据包络分析（DEA）测量管理层能力。首先以企业在行业内的相对效率为初始标准，然后将企业的整体效率分解为企业效率和管理层效率。Demerjian 等（2012）以销售成本，销售和管理费用，净固定资产，净经营租赁、研发投入、商誉和其他无形资产作为投入，以公司销售额为产出，分行业计算公司的整体效率。

$$\max_v \theta = \frac{Sales}{v_1 CoGS + v_2 SG\&\_\ A + v_3 PPE + v_4 OpsLease + v_5 R\&\_\ D + v_6 Goodwill + v_7 OtherIntan}$$

Demerjian 等（2012）进一步运用下述 Tobit 回归剔除企业效率的影响：

$$Firm\ Efficiency_i = \alpha + \beta_1 (Total\ Assets)_i + \beta_2 Market\ Share_i + \beta_3 Free\ Cash\ Flow\ Indicator_i + \beta_4 \ln(Age)_i + \beta_5 Business\ Segment\ Concentration_i + \beta_6 Foreign\ Currency\ Indicator_i + Year + \varepsilon_i$$

上述估计的残差反映的是管理层能力。DEA 测量方式与传统方式（将行业调整后的资产回报率、CEO 薪酬、CEO 的人气和媒体关注度作为管理层能力的衡量指标）的比较证实了基于 DEA 方法计算的管理层能力与现有的管理层能力指标呈现显著的正相关，同时利用进一步的检测，证实了 DEA 方法的优越性和有效性。为了避免极端值对结果的影响，Demerjian 等（2012）也对管理层能力进行了排名。本节使用其排名作为衡量管理层能力高低的指标（*MA*）。

4.3.3 对股价崩盘的衡量

本节参考 Chen 等（2001）、Hutton 等（2009）、Kim 等（2011a，2011b）的研究，构建衡量股价崩盘风险的指标。本节将使用下述模型计算公司的周回报率：

$$r_{j\tau}=\alpha_j+\beta_{1j}r_{m\tau-2}+\beta_{2j}r_{m\tau-1}+\beta_{3j}r_{m\tau}+\beta_{4j}r_{m\tau+1}+\beta_{5j}r_{m\tau+2}+\varepsilon_{j\tau}$$

其中，$r_{j\tau}$和$r_{m\tau}$分别是股票 j 第 τ 周的回报和 CRSP 列报的加权市场指数。同时，本节还考虑到延迟和提前效应，本节对非同步交易进行调整（Dimson，1979）。$W_{j\tau}$是公司的周回报，计算方式如下：

$$W_{j\tau}=\ln\ (1+\varepsilon_{j\tau})$$

本节使用三种指标对股价崩盘风险进行衡量：第一个是负收益偏态系数（*NCSKEW*）（Chen 等，2001），用股票日回报率计算而成，它代表了股票的崩盘倾向，如果股票回报率越向左偏，崩盘就越有可能发生。其计算方式如下：

$$NSCKEW_{jt}=-\left[n(n-1)^{\frac{3}{2}}\sum W_{j\tau}^3\right]\div\left[(n-1)(n-2)(\sum W_{j\tau}^2)^{\frac{3}{2}}\right]$$

第二个是涨跌波动率（*DUVOL*）（Chen 等，2001），上涨周数个股残差收益率的平方和与下跌周数个股残差收益率的平方和之商取对数。涨跌波动率越大，代表股票崩盘的可能性越大。第三个是崩盘风险指标（*CRASH*），该指标以 2.6 倍股票超额回报率的标准差为临界点，如果某只股票的超额回报率与该股票在过去一年的平均超额回报率之差，大于或等于临界点，则表示股票发生过崩盘，*CRASH* 取值为 1。

4.3.4 回归模型

本节利用下述模型检验管理层能力对未来公司股价崩盘的影响：

$$Crash\ Risk_{it+1}=\alpha+\beta_1 MA_{it}+\beta_2 Controls_{it}+Industry\ fixed\ effects+Year\ fixed\ effects+\varepsilon_{it} \quad (4-1)$$

在模型（4-1）中，*Crash Risk* 反映的是股票崩盘风险，分别用 *NCSKEW*，*DUVOL*，*CRASH* 衡量。*MA* 是根据 Demerjian 等（2012）方法计算的管理层能力排名。参考之前的文献（Chen 等，2001；Kim 等，2011a，2011b），本节对因变量（*Crash Risk*）的滞后项进行分析。当自变量为 *NCSKEW* 或 *DUVOL* 时，本节使用最小二乘法进行分析；而当自变量为 *CRASH*

时，本节用 logit 模型进行分析。

为了排除其他因素对管理层能力作用效果的影响，本节在模型中加入如下控制变量：去趋势的股票周转率（*DTURN*）、负收益偏态系数（*NCSKEW*）、周回报的标准差（*SIGMA*）以及过去财政年度的平均月回报率（*RET*）。同时 Hutton 等（2009）发现财务信息的不透明性会增加公司崩盘的风险，因此本节又在模型中加入 *OPAQUE* 和 $OPAQUE^2$，其中 *OPAQUE* 是根据 Jones 模型计算的前三年可自由支配的应计项目绝对值的移动总和。除此之外，本节还考虑到公司层面特征的固定效应，在上述基础上加入公司规模（*SIZE*），总资产的自然对数、资产回报率（*ROA*），扣非利润与总资产的比值、市场对账面价值（*MB*），公司市值与账面价值的比率和财务杠杆（*LEV*），公司总负债与总资产的比率。

基于本节的矛盾假设，如果β_1显著为正，则说明管理层能力与股票崩盘风险之间正相关，支持 H1a；如果β_1显著为负，则说明管理层能力与股票崩盘风险之间负相关，支持 H1b。

本节中用到的变量定义如表 4-1 所示。

表 4-1 变量定义表

变量名称	变量定义
$NCSKEW_{t+1}$	第 t+1 年的公司股票负收益偏态系数，算法见正文
$DUVOL_{t+1}$	第 t+1 年的公司股票收益率上下波动的比率，算法见正文
$CRASH_{t+1}$	哑变量，若公司在第 t+1 年经历了一次或多次股票周回报率低于年度的平均周回报率 2.6 或更高的标准差，则该指标定义为 1，否则赋值为 0
MA_t	Demerjian 等（2012）利用数据包络分析创建的管理层能力指标的排序值
$DTURN_t$	月均超额换手率，公司当年度股票的月平均换手率与上一年月平均换手率的差
$NCSKEW_t$	第 t 年的公司股票负收益偏态系数
$SIGMA_t$	收益的波动率，股票 i 在第 t 年中周收益率的标准差
RET_t	平均周收益率，股票 i 在第 t 年中的平均周收益率

续表

变量名称	变量定义
$SIZE_t$	规模，股票 i 在第 t 年的总资产的自然对数
MB_t	市账比，股票 i 在第 t 年的市场价值÷账面价值
LEV_t	负债率，股票 i 在第 t 年的总负债÷总资产
$OPAQUE_t$	Hutton 等（2009）创建的信息不透明度指标
$OPAQUE\_D_t$	根据 $OPAQUE_t$ 的值创建的哑变量，若其值高于样本的中位数，则取值为 1，否则取值为 0
ROA_t	总资产报酬率，股票 i 在第 t 年的净利润÷总资产
CEO_TENURE_t	哑变量，若 CEO 的任职期限高于行业中值水平，则取值为 1，否则为 0
HHI_t	哑变量，若企业的 HHI 高于样本中值，则取值为 1，否则为 0
RD_t	哑变量，根据 Roussanoy 和 Savor（2016）的研究，认定若公司的研发投入/房产、厂房及设备高于样本的中位数，则取值为 1，否则取值为 0
$BUS\_SEG\_D_t$	哑变量，若公司的业务部门数量高于样本的中值，则取值为 1，否则为 0
$FORECAST\_D_t$	哑变量，若管理层预测的频率高于样本的中位数，则取值为 1，否则取值为 0
$OVERINVESTMENT_t$	哑变量，根据 Biddle 等（2009）的研究，利用销售收入与资产增长率回归产生的残差作为衡量公司超额投资的方法，若公司的超额投资高于行业平均水平，则取值为 1，否则取值为 0

4.4 实证结果与分析

4.4.1 描述性统计

表 4-2 呈现的是本节中主要多元回归变量的描述性统计结果。所有的连续变量都进行了 1 和 99 百分位的缩尾处理（Winsorize）。$NCSKEW_{t+1}$ 的平均值（中值）为-0.068（-0.092），标准偏差为 0.813；$DUVOL_{t+1}$ 的平均值

(中值) 为-0.048 (-0.057), 标准偏差为 0.367。$CRASH_{t+1}$ 的平均值为 0.412, 说明 41.2%的公司在样本期间至少经历过一次股价崩盘。描述性结果与先前的研究 (Hutton 等, 2009; Kim 和 Zhang, 2016) 大体一致。

表 4-2 描述性统计

变量	样本量	均值	Q1	中位数	Q3	标准差
$NCSKEW_{t+1}$	53148	-0.068	-0.521	-0.092	0.341	0.813
$DUVOL_{t+1}$	53148	-0.048	-0.293	-0.057	0.184	0.367
$CRASH_{t+1}$	53148	0.412	0.000	0.000	1.000	0.492
MA_t	53148	0.561	0.300	0.600	0.800	0.277
$DTURN_t$	53148	0.003	-0.022	0.000	0.025	0.080
$NCSKEW_t$	53148	-0.061	-0.505	-0.091	0.329	0.778
$SIGMA_t$	53148	0.058	0.036	0.051	0.072	0.029
RET_t	53148	-0.206	-0.258	-0.129	-0.064	0.222
$SIZE_t$	53148	5.851	4.413	5.757	7.179	1.955
MB_t	53148	2.819	1.251	2.007	3.309	2.696
LEV_t	53148	0.157	0.003	0.119	0.262	0.159
$OPAQUE_t$	53148	0.228	0.096	0.164	0.281	0.210
ROA_t	53148	0.018	0.001	0.042	0.080	0.128

4.4.2 相关性分析

表 4-3 是主回归中变量的 Pearson 相关系数检验，本节发现三个股价崩盘风险指标之间高度相关，同时管理层能力 (*MA*) 与这三个指标之间均存在正向相关关系。除此之外，本节还发现第一阶段和第二阶段的回报率 (*RET* 和 *SIGMA*) 与管理层能力高度相关，符合本节的预期。

表 4-3 相关性分析

	[1]	[2]	[3]	[4]	[5]	[6]	[7]	[8]	[9]	[10]	[11]	[12]	[13]
[1] $NCSKEW_{t+1}$	1												
[2] $DUVOL_{t+1}$	0.961***	1											
[3] $CRASH_{t+1}$	0.605***	0.614***	1										
[4] MA_t	0.039***	0.042***	0.033***	1									
[5] $DTURN_t$	0.050***	0.053***	0.030***	0.012***	1								
[6] $NCSKEW_t$	0.053***	0.052***	0.038***	0.031***	0.021***	1							
[7] $SIGMA_t$	-0.076***	-0.084***	-0.048***	-0.038***	0.151***	-0.043***	1						
[8] RET_t	0.079***	0.086***	0.051***	0.036***	-0.159***	0.077***	-0.963***	1					
[9] $SIZE_t$	0.136***	0.146***	0.071***	0.006	0.009**	0.153***	-0.494***	0.425***	1				
[10] MB_t	0.082***	0.082***	0.045***	0.147***	0.115***	-0.002	0.029***	-0.051***	0.038***	1			
[11] LEV_t	-0.006	-0.003	-0.018***	-0.188***	0.025***	0.005	-0.094***	0.088***	0.316***	-0.031***	1		
[12] $OPAQUE_t$	-0.032***	-0.041***	-0.009**	0.073***	-0.014***	-0.036***	0.375***	-0.344***	-0.313***	0.150***	-0.144***	1	
[13] ROA_t	0.094***	0.105***	0.059***	0.221***	0.076***	0.041***	-0.394***	0.392***	0.239***	-0.037***	-0.027***	-0.271***	1

注：***、**代表在1%、5%的水平上显著。

4.4.3 管理层能力与股价崩盘

表 4-4 呈现了研究主回归结果。第（1）列、第（3）列、第（5）列是用管理层能力分别对三个崩盘风险指标进行回归的结果，第（2）列、第（4）列、第（6）列在原有基础上考虑了控制变量的影响。如第（1）列、第（2）列结果所示，当使用 *NCSKEW* 作为自变量时，*MA* 的系数显著为正（0.107，$t=7.798$；0.026，$t=1.844$）；当使用 *DUVOL* 作为自变量时，上述显著正相关关系依然成立。第（3）列、第（4）列的结果与第（1）列、第（2）列结果在显著性和方向上吻合（0.052，$t=8.416$；0.013，$t=2.131$）。最后两列展现了以 *CRASH* 为指标时，管理层能力的效用，其系数的符号和方向（0.240，$t=7.020$；0.118，$t=3.267$）为假设提供了有力支持。

综上所述，表 4-4 的实证结果支持了正相关关系的假设（H1a），即管理层能力提升了股价崩盘的风险，当经理人管理能力较高时，公司也随之面临较高的股价暴跌的风险。

表 4-4 回归分析

	$NCSKEW_{t+1}$		$DUVOL_{t+1}$		$CRASH_{t+1}$	
	(1)	(2)	(3)	(4)	(5)	(6)
MA_t	0.107***	0.026*	0.052***	0.013**	0.240***	0.118***
	(7.798)	(1.844)	(8.416)	(2.131)	(7.020)	(3.267)
$DTURN_t$		0.358***		0.171***		0.654***
		(7.711)		(8.214)		(5.465)
$NCSKEW_t$		0.018***		0.007***		0.035***
		(3.524)		(3.246)		(2.912)
$SIGMA_t$		4.852***		1.976***		7.207***
		(9.138)		(8.417)		(5.162)
RET_t		0.669***		0.283***		1.148***
		(10.517)		(10.033)		(6.733)
$SIZE_t$		0.058***		0.026***		0.059***
		(20.911)		(21.280)		(8.427)

续表

	$NCSKEW_{t+1}$		$DUVOL_{t+1}$		$CRASH_{t+1}$	
	(1)	(2)	(3)	(4)	(5)	(6)
MB_t		0.022***		0.010***		0.027***
		(14.057)		(14.731)		(7.280)
LEV_t		-0.157***		-0.074***		-0.182***
		(-5.777)		(-6.075)		(-2.652)
$OPAQUE_t$		0.015		-0.003		0.099*
		(0.772)		(-0.312)		(1.955)
$OPAQUE_t^2$		-0.001***		-0.000*		0.003***
		(-3.315)		(-1.944)		(2.644)
ROA_t		0.601***		0.295***		1.116***
		(14.921)		(16.531)		(10.754)
ROA_{t+1}		-0.379***		-0.182***		-0.757***
		(-10.395)		(-11.334)		(-8.683)
Constant	-0.267***	-0.693***	-0.134***	-0.315***	-0.541**	-1.023***
	(-2.893)	(-8.279)	(-3.305)	(-8.187)	(-2.544)	(-4.881)
Year fixed effect	Yes	Yes	Yes	Yes	Yes	Yes
Industry fixed effect	Yes	Yes	Yes	Yes	Yes	Yes
Observations	53148	53148	53148	53148	53148	53148
Pseudo-/adjusted R^2	0.018	0.048	0.023	0.056	0.013	0.020

注：***、**、*代表在1%、5%、10%的水平上显著。

4.4.4 横截面测试

为了对管理层能力的效用有一个更清楚的认知，本节进一步讨论为什么管理层能力会增加公司股票价格大跌的可能。假设管理能力高的经理人具有更出色的公司运营经验进而有更强的信心参加高风险活动，同时他们对自己职业发展空间给予更多的关注，所以他们有更强的动力通过隐藏公司的负面新闻的手段追求公司利润的可持续性。根据上述分析，本节合理推断管理层能力的作用效果随着其能力的提升而更加显著。

基于先前文献，本节选用以下六个指标进行横断面分析（为节省空间，本章横截面分析将省略所有控制变量的列示）。第一个指标是 CEO 的任期（$CEO\_ TENURE$），用此代替管理者对其声誉的关注度（Milbourn，2003）。Gibbons 和 Murphy（1992）、Milbourn（2003）发现 CEO 任期和 CEO 声誉之间呈现正相关。Yang 和 Zhao（2014）发现 CEO 任期较长的企业往往比 CEO 任期较短的企业表现更好。如表 4-5 结果所示，当以 $CRASH$ 为因变量时，交乘项（$MA \times CEO\_ TENURE$）的系数显著为正（0.337，t=2.683），但其他两个交乘项系数符号为正，并在统计意义上不显著。结果表明，具有更多工作经验的管理人更关心自身在劳动力市场中的声誉，因此更有可能隐瞒公司的坏消息，从而导致更高的崩盘风险。

表 4-5 横截面分析-CEO 任期

变量	(1)	(2)	(3)
	$NCSKEW_{t+1}$	$DUVOL_{t+1}$	$CRASH_{t+1}$
MA_t	-0.023	-0.016	-0.083
	(-0.640)	(-0.971)	(-0.898)
$CEO\_ TENURE_t \times MA_t$	0.017	0.010	0.337***
	(0.336)	(0.454)	(2.683)
$CEO\_ TENURE_t$	-0.001	-0.005	-0.243***
	(-0.044)	(-0.345)	(-2.987)
Constant	-0.115	-0.122	-0.799
	(-0.305)	(-0.740)	(-1.410)
Control variables	Yes	Yes	Yes
Year fixed effect	Yes	Yes	Yes
Industry fixed effect	Yes	Yes	Yes
Observations	11087	11087	11087
Pseudo-/adjusted R^2	0.026	0.031	0.019

注：***代表在 1%的水平上显著。

第二个指标为企业的历史绩效表现。Milbourn（2003）通过企业过去的历史表现衡量管理层的能力。回归结果如表 4-6 所示，$HIS\_ RET_t \times MA_t$ 系数在第（2）列、第（3）列为正（0.019，t=1.685；0.112，t=1.687），表明当高管能力较高时，经理人会更加在意公司股票市场的表现，因而更具有通过隐瞒坏消息以追求公司在资本市场上极具吸引力的成绩的倾向，从而增加股价崩盘的风险。

表 4-6　横截面分析-历史绩效表现

变量	(1)	(2)	(3)
	$NCSKEW_{t+1}$	$DUVOL_{t+1}$	$CRASH_{t+1}$
MA_t	0.013	0.002	0.056
	(0.673)	(0.290)	(1.134)
$HIS\_RET_t \times MA_t$	0.022	0.019*	0.112*
	(0.881)	(1.685)	(1.687)
HIS_RET_t	0.031*	0.010	-0.027
	(1.945)	(1.430)	(-0.649)
Constant	-0.731***	-0.330***	-1.063***
	(-8.619)	(-8.439)	(-4.847)
Control variables	Yes	Yes	Yes
Year fixed effect	Yes	Yes	Yes
Industry fixed effect	Yes	Yes	Yes
Observations	51768	51768	51768
Pseudo-/adjusted R^2	0.049	0.056	0.020

注：***代表在 1%的水平上显著。

第三个指标为高管的薪酬水平。CEO 薪酬数据来自 Compustat 的 ExecuComp 数据库，以 1992 年的报告格式（项目：TDC1）计算总薪酬（*COMPENSATION*）。结果如表 4-7 所示，在第（1）列和第（2）列中，$COMP_t \times MA_t$的系数显著为正（0.155，$t=2.120$；0.056，$t=1.725$）。表明薪酬较高的管理者更有动机延迟对公司负面新闻的公布，从而增加了未来公司股价暴跌的可能。

表 4-7　横截面分析-CEO 薪酬

变量	(1)	(2)	(3)
	$NCSKEW_{t+1}$	$DUVOL_{t+1}$	$CRASH_{t+1}$
MA_t	-0.140**	-0.066***	-0.011
	(-2.438)	(-2.592)	(-0.084)

续表

变量	(1)	(2)	(3)
	$NCSKEW_{t+1}$	$DUVOL_{t+1}$	$CRASH_{t+1}$
$COMP_t \times MA_t$	0.155**	0.056*	0.063
	(2.120)	(1.725)	(0.371)
$COMP_t$	-0.057	-0.020	0.024
	(-1.150)	(-0.922)	(0.208)
Constant	-0.016	-0.066	-0.601
	(-0.060)	(-0.581)	(-1.325)
Control variables	Yes	Yes	Yes
Year fixed effect	Yes	Yes	Yes
Industry fixed effect	Yes	Yes	Yes
Observations	7038	7038	7038
Pseudo-/adjusted R^2	0.021	0.027	0.017

注：***、**、*代表在 1%、5%、10%的水平上显著。

第四个指标，本节选取产品市场竞争水平（HHI）来衡量管理者对运营环境的了解程度。Lee 等（2018）发现同行业内的市场竞争力会影响管理者对经营环境的了解程度。表 4-8 的结果显示，交乘项（$MA \times HHI$）的系数为正，并在 5%的水平上显著（0.068，$t=2.506$；0.032，$t=2.579$；0.163，$t=2.335$），结果表明当公司处于一个集中程度较高的行业时，由于垄断或议价能力，管理者更容易获得运营信息的知识，因此有更大的机会囤积负面新闻。

表 4-8 横截面分析-HHI

变量	$NCSKEW_{t+1}$	$DUVOL_{t+1}$	$CRASH_{t+1}$
	(1)	(2)	(3)
MA_t	-0.006	-0.002	0.045
	(-0.326)	(-0.242)	(0.889)
$MA_t \times HHI_t$	0.068**	0.032***	0.163**
	(2.506)	(2.579)	(2.335)
HHI_t	-0.024	-0.013*	-0.063
	(-1.413)	(-1.669)	(-1.398)

续表

变量	$NCSKEW_{t+1}$	$DUVOL_{t+1}$	$CRASH_{t+1}$
	(1)	(2)	(3)
Control variables	Yes	Yes	Yes
Year fixed effect	Yes	Yes	Yes
Industry fixed effect	Yes	Yes	Yes
Observations	54304	54304	54304
Pseudo-/adjusted R^2	0. 047	0. 054	0. 020

注：***、**、*代表在1%、5%、10%的水平上显著。

第五个指标，基于先前研究（Coles，2006；Roussanov 和 Savor，2016），本节选取研发支出（*RD*）衡量管理层对风险的容忍程度。如表4-9结果所示，交乘项（*MA*×*RD*）对 *DUVOL* 和 *CRASH* 的系数显著为正，说明高能力的管理者更容易参与高风险活动，从而加大股价未来崩盘的可能性。

表4-9　横截面分析-研发投入（R&D）

变量	$NCSKEW_{t+1}$	$DUVOL_{t+1}$	$CRASH_{t+1}$
	(1)	(2)	(3)
MA_t	0. 029	0. 009	0. 132**
	(1. 366)	(0. 947)	(2. 416)
$MA_t \times RD_t$	0. 075	0. 046**	0. 224*
	(1. 449)	(2. 020)	(1. 665)
RD_t	-0. 121***	-0. 061***	-0. 315***
	(-3. 322)	(-3. 781)	(-3. 267)
Control variables	Yes	Yes	Yes
Year fixed effect	Yes	Yes	Yes
Industry fixed effect	Yes	Yes	Yes
Observations	27232	27232	27232
Pseudo-/adjusted R^2	0. 047	0. 055	0. 023

注：***、**、*代表在1%、5%、10%的水平上显著。

第六个指标为机构投资者的持股情况。由于现在机构投资者增长速度十分快，这导致机构投资者无法像过去一样“用脚投票”，随意买卖，而只能积极地介入公司的管理，敦促企业的持续经营发展。由于机构投资者具有更丰富的领域专业知识，在监督公司治理时更容易发现高管在经营管理中存在的风险和问题。因此，本节研究了机构投资者持股情况对高管能力与股价崩盘风险之间的关系。结果如表 4-10 所示，在第（1）列和第（2）列中，$MA_t \times INST_t$系数在均显著为负。这表明当企业中机构投资者比例较高时，能力高的管理者隐瞒坏消息的行为有所下降，有助于缓解股票崩盘的风险。

表 4-10　横截面分析-机构投资者

变量	(1)	(2)	(3)
	$NCSKEW_{t+1}$	$DUVOL_{t+1}$	$CRASH_{t+1}$
MA_t	0. 079***	0. 042***	0. 169**
	(2. 894)	(3. 371)	(2. 355)
$MA_t \times INST_t$	-0. 064**	-0. 035**	-0. 062
	(-2. 113)	(-2. 523)	(-0. 787)
$INST_t$	-0. 043**	-0. 014*	-0. 061
	(-2. 313)	(-1. 659)	(-1. 257)
Constant	-0. 654***	-0. 302***	-0. 980***
	(-7. 763)	(-7. 761)	(-4. 686)
Control variables	Yes	Yes	Yes
Year fixed effect	Yes	Yes	Yes
Industry fixed effect	Yes	Yes	Yes
Observations	53148	53148	53148
Pseudo-/adjusted R^2	0. 050	0. 058	0. 020

注：***、**、*代表在 1%、5%、10%的水平上显著。

4. 4. 5　中介效应检验

为了探索管理层能力对风险的作用机制，本节参考 Kim 等（2018a）的方法进行两步回归。基于股价崩盘的理论研究（Kim 等，2011a，2011b；Kim 和 Zhang，2016），本节认为管理能力强的经理人可能会通过隐藏负面新闻或是延迟对过度投资项目不良业绩的披露的方式增大公司未来股价风险。因此，本节首先对管理层能力和坏消息囤积行为（过度投资）进行第一次回归；接下来，进一步检验坏消息囤积（过度投资）与公司股票崩盘风险之间的联系。如果假设机制成立，则第一次回归的结果中，管理层能力与坏消息囤积行为（过度投资）呈正相关，同时在第二次回归中，坏消息囤积行为（过度投资）与公司未来股票崩盘风险之间存在正向相关关系。

实证结果如表 4-11 所示。A1 组呈现了坏消息囤积的渠道效应。基于 Hutton（2009）的方法，本节用财务报告的不透明度反映管理层对坏消息的囤积行为。结果显示管理层能力（*MA*）的系数显著为正（0. 070，t= 14. 181)，即管理层能力和公司财务信息的透明性之间存在正向关系，说明隐藏坏消息的行为在管理层能力强的企业中更为普遍。除此之外，本节还验证了过度投资是否是管理层能力对崩盘影响的另一媒介变量。参考 Biddle 等（2009）的方法，本节用每年的资产增长率对销售增长率进行回归，结果中的残差即为过度投资。对此本节创建了哑变量（*OVERINVERSTMENT*)，以反映企业中是否存在过度投资现象，当企业的过度投资大于行业均值时，变量取值为 1，反之为 0。A2 组的结果显示，管理层能力的系数为 0. 180（t=3. 102)，说明能力高的管理者更有可能进行过度投资。

在第二步回归模型中，本节在主回归模型基础上加入了经理人坏消息囤积和过度投资行为。B 组中的结果与 Kim 等（2018b）的结论一致，本节发现 *OPAQUE* 的系数为正，但 $OPAQUE^2$ 的系数为负，说明经理人囤积坏消息行为与崩盘风险之间的凹陷关系。本节还发现，当公司存在过度投资行为时，其将面临更大崩盘风险（0. 033，t = 4. 346；0. 015，t = 4. 427；0. 062，t = 3. 238)。当在模型中同时加入 *OPAQUE* 和 *OVERINVESTMENT* 后，管理层能力（*MA*）的系数仍为正，并在 10%水平上显著。

综上所述，坏消息囤积和过度投资行为是管理层能力两个潜在的作用途径，出色的管理层团队通过增加上述两种行为的可能性，进而增加公司股票未来暴跌的风险，与表 4-11 中数据结果一致，为后续对管理层能力与股票崩盘间的关系研究奠定了基础。

表 4-11 中介效应检验

A1 组：管理层能力与企业的不透明性分析		A2 组：管理层能力与过度投资
变量	$OPAQUE_t$	$OVERINVESTMENT_t$
	(1)	(2)
MA_t	0.070***	0.180***
	(14.181)	(3.102)
$SIZE_t$	-0.028***	0.312***
	(-24.933)	(23.505)
MB_t	0.009***	0.086***
	(13.788)	(13.674)
LEV_t	-0.038***	-0.465***
	(-3.494)	(-4.064)
ROA_t	-0.334***	0.809***
	(-20.594)	(7.432)
Constant	0.261***	-1.619***
	(13.659)	(-5.123)
Year fixed effect	Yes	Yes
Industry fixed effect	Yes	Yes
Observations	53101	53101
Pseudo-/adjusted R^2	0.206	0.206

B 组：信息不透明度、过度投资与股价崩盘风险			
变量	$NCSKEW_{t+1}$	$DUVOL_{t+1}$	$CRASH_{t+1}$
	(1)	(2)	(3)
MA_t	0.027*	0.014**	0.118***
	(1.883)	(2.231)	(3.253)
$OPAQUE_t$	0.168***	0.067***	0.374***
	(3.704)	(3.329)	(3.254)
$OPAQUE_t^2$	-0.141***	-0.063***	-0.251***
	(-4.052)	(-4.119)	(-2.739)
$OVERINVMENT_t$	0.033***	0.015***	0.062***
	(4.346)	(4.427)	(3.238)

续表

变量	$NCSKEW_{t+1}$	$DUVOL_{t+1}$	$CRASH_{t+1}$
	(1)	(2)	(3)
$DTURN_t$	0.332***	0.155***	0.591***
	(7.593)	(8.043)	(5.367)
$NCSKEW_t$	0.018***	0.007***	0.036***
	(3.486)	(3.347)	(3.038)
$SIGMA_t$	4.024***	1.546***	5.452***
	(8.197)	(7.266)	(4.296)
RET_t	0.555***	0.225***	0.911***
	(10.057)	(9.386)	(6.177)
$SIZE_t$	0.057***	0.025***	0.055***
	(19.329)	(19.735)	(7.715)
MB_t	0.018***	0.008***	0.022***
	(12.754)	(13.548)	(6.625)
LEV_t	-0.157***	-0.073***	-0.179***
	(-5.635)	(-5.951)	(-2.628)
ROA_t	0.538***	0.262***	0.978***
	(13.935)	(15.524)	(10.017)
ROA_{t+1}	-0.344***	-0.161***	-0.662***
	(-9.730)	(-10.550)	(-8.183)
Constant	-0.702***	-0.314***	-1.006***
	(-8.056)	(-8.049)	(-4.821)
Year fixed effect	Yes	Yes	Yes
Industry fixed effect	Yes	Yes	Yes
Observations	53101	53101	53101
Pseudo-/adjusted R^2	0.047	0.055	0.020

注：***、**、*代表在1%、5%、10%的水平上显著。

4.5 补充检验

4.5.1 内生性检验

在横截面分析研究中，管理层能力与公司层面特征之间可能存在内生性问题。为了降低遗漏变量的影响，本节使用固定效应模型对主要变量进行再一次回归，以控制公司层面特定因素对结果的影响，同时缓解了公司长期稳定或轻微波动性质的威胁（Roberts 和 Whited，2013）。此外，固定效应模型还可以控制公司内部（如规则制定者和监管者）的变化。表4-12的结果表明，当用 *NCSKEW* 和 *DUVOL* 作为因变量时，即便控制了固定因素的影响，管理层能力（MA）的系数仍为正，并在5%水平上显著。

接下来，本节使用 Heckman（1979）两阶段模型以排除样本存在自我选择的可能性，即有高股票崩盘风险的公司更愿意雇用能力强的管理层团队。在第一阶段，本节使用概率模型对公司偏好优秀的管理者［用 *Pr*（*MA*）表示］的影响因素进行分析：

$$Pr(MA)_t = \delta_0 + \delta_1 SIZE_t + \delta_2 LEV_t + \delta_3 OPAQUE_t + \delta_4 ROA_t + \delta_5 ROA_{t-1} + (Year\text{-}Dummies) + (Industry\ Dummies) + \varepsilon \quad (4\text{-}2)$$

当公司管理层能力较强时，*Pr*（*MA*）取值为 1，反之为 0。回归中的其他变量与前文定义一致。参考 Heckman（1979）第二阶段方法，本节根据模型（4-2）的结果计算了反米歇尔比率（Inverse Mills Ratio），表示为 *Lamda*，并在主回归模型中加入此变量。表 4-12 B 组的结果显示，在考虑了自我选择的问题后，管理层能力的系数仍为正，并在 10%水平上显著。

本节进一步关注公司 CEO 的离职率，并对样本进行变化分析以避免反向因果关系。参考 De Franco 等（2017）的方法，本节首先将分析样本锁定在存在 CEO 离职现象的公司上，接下来计算了新 CEO 任命前后公司的管理层能力和其他变量的变化值，最后做如下回归分析：

$$\Delta Crash\ Risk_{it+1} = \alpha_0 + \alpha_1 \Delta MA_{it} + \alpha_2 \Delta Controls_{it} + Industry\ FE + Year\ FE + \varepsilon_{it} \quad (4\text{-}3)$$

ΔMA 表示 CEO 任命前后管理层能力的变化。同时，本节根据 De Reance 等（2017）的研究，在回归中加入指标（MA_D）——当管理层能力在 CEO 变化后增加时，指标（MA_D）取值为 1，反之为 0。结果如表 4-12 C 组所示，与预期一致，ΔMA 和 MA_D 系数显著为正，表明当公司任命一位新的能力更强的 CEO 后，公司将面临更大的未来崩盘风险。

表 4-12　内生性检验

A 组：固定效应回归

变量	$NCSKEW_{t+1}$	$DUVOL_{t+1}$	$NCSKEW_{t+1}$	$DUVOL_{t+1}$
	(1)	(2)	(3)	(4)
MA_t	0.134***	0.067***	0.064***	0.031***
	(7.302)	(3.533)	(7.705)	(3.625)
$DTURN_t$		0.352***		0.161***
		(7.361)		(7.480)
$NCSKEW_t$		-0.096***		-0.042***
		(-18.502)		(-18.410)
$SIGMA_t$		1.426**		0.664**
		(2.113)		(2.227)
RET_t		0.303***		0.143***
		(3.952)		(4.211)
$SIZE_t$		0.135***		0.062***
		(13.770)		(14.320)
MB_t		0.039***		0.019***
		(16.556)		(17.847)
LEV_t		-0.242***		-0.125***
		(-5.516)		(-6.368)
$OPAQUE_t$		-0.026		-0.021*
		(-0.997)		(-1.796)
$OPAQUE_t^2$		-0.001		-0.000
		(-0.803)		(-0.295)
ROA_t		0.577***		0.282***
		(12.495)		(13.707)

续表

A 组：固定效应回归				
变量	$NCSKEW_{t+1}$	$DUVOL_{t+1}$	$NCSKEW_{t+1}$	$DUVOL_{t+1}$
	(1)	(2)	(3)	(4)
ROA_{t+1}		-0.354***		-0.173***
		(-8.278)		(-9.089)
Constant	-0.126	-0.901***	-0.075	-0.429***
	(-0.439)	(-2.957)	(-0.478)	(-2.607)
Firm fixed effect	Yes	Yes	Yes	Yes
Year fixed effect	Yes	Yes	Yes	Yes
Industry fixed effect	Yes	Yes	Yes	Yes
Observations	53148	53148	53148	53148
Adjusted R^2	0.012	0.040	0.017	0.047

B 组：Heckman 两阶段回归				
变量	*Pr*（*MA*）	$NCSKEW_{t+1}$	$DUVOL_{t+1}$	$CRASH_{t+1}$
	(1)	(2)	(3)	(4)
MA_t		0.023*	0.012*	0.114***
		(1.666)	(1.937)	(3.139)
$DTURN_t$		0.366***	0.174***	0.669***
		(7.868)	(8.353)	(5.588)
$NCSKEW_t$		0.017***	0.007***	0.035***
		(3.474)	(3.208)	(2.860)
$SIGMA_t$		4.352***	1.768***	6.085***
		(8.144)	(7.482)	(4.325)
RET_t		0.626***	0.264***	1.047***
		(9.831)	(9.371)	(6.130)
$SIZE_t$	-0.013	0.059***	0.026***	0.060***
	(-0.990)	(20.995)	(21.406)	(8.619)
MB_t	0.094***	0.017***	0.008***	0.014***
	(14.163)	(8.044)	(8.975)	(2.684)
LEV_t	-2.242***	-0.043	-0.034*	0.096
	(-18.486)	(-1.070)	(-1.869)	(0.911)

续表

B 组：Heckman 两阶段回归

变量	Pr（MA）	$NCSKEW_{t+1}$	$DUVOL_{t+1}$	$CRASH_{t+1}$
	(1)	(2)	(3)	(4)
$OPAQUE_t$	1.162***	0.145***	0.064***	0.306**
	(14.486)	(2.718)	(2.690)	(2.216)
$OPAQUE_t^2$		-0.193***	-0.088***	-0.348***
		(-4.241)	(-4.356)	(-2.883)
ROA_t	3.327***	0.439***	0.239***	0.712***
	(27.203)	(7.396)	(8.963)	(4.602)
ROA_{t+1}	0.635***	-0.422***	-0.197***	-0.856***
	(6.684)	(-11.159)	(-11.881)	(-9.464)
$Lamda$		0.132***	0.046***	0.323***
		(3.758)	(2.927)	(3.522)
Constant	-1.194***	-0.764***	-0.342***	-1.184***
	(-3.254)	(-9.024)	(-8.759)	(-5.524)
Year fixed effect	Yes	Yes	Yes	Yes
Industry fixed effect	Yes	Yes	Yes	Yes
Observations	53147	53147	53147	53147
Pseudo-/adjusted R^2	0.146	0.047	0.055	0.020

C 组：差分分析-CEO 更替

变量	$\Delta NCSKEW_{t+1}$	$\Delta DUVOL_{t+1}$	$\Delta NCSKEW_{t+1}$	$\Delta DUVOL_{t+1}$
	(1)	(2)	(3)	(4)
MA_D_t	0.025**	0.010*		
	(2.063)	(1.874)		
ΔMA_t			0.057**	0.020
			(2.020)	(1.569)
$\Delta DTURN_t$	0.362***	0.144***	0.362***	0.144***
	(5.908)	(5.205)	(5.906)	(5.207)
$\Delta NCSKEW_t$	-0.483***	-0.209***	-0.483***	-0.209***
	(-87.794)	(-82.110)	(-87.787)	(-82.067)
$\Delta SIGMA_t$	-0.249	0.283	-0.250	0.282
	(-0.266)	(0.681)	(-0.267)	(0.680)

续表

C组：差分分析-CEO更替				
变量	$\Delta NCSKEW_{t+1}$	$\Delta DUVOL_{t+1}$	$\Delta NCSKEW_{t+1}$	$\Delta DUVOL_{t+1}$
	(1)	(2)	(3)	(4)
ΔRET_t	0.090	0.085*	0.090	0.085*
	(0.859)	(1.832)	(0.852)	(1.827)
$\Delta SIZE_t$	0.387***	0.179***	0.387***	0.179***
	(14.650)	(15.104)	(14.634)	(15.100)
ΔMB_t	0.062***	0.029***	0.062***	0.029***
	(14.824)	(15.794)	(14.830)	(15.808)
ΔLEV_t	-0.460***	-0.221***	-0.460***	-0.221***
	(-5.513)	(-5.870)	(-5.518)	(-5.872)
$\Delta OPAQUE_t$	0.021	-0.006	0.020	-0.006
	(0.426)	(-0.258)	(0.401)	(-0.271)
$\Delta OPAQUE_t^2$	0.174	0.067	0.170	0.066
	(1.073)	(0.928)	(1.050)	(0.909)
ΔROA_t	0.512***	0.272***	0.509***	0.272***
	(6.828)	(8.187)	(6.786)	(8.167)
ΔROA_{t+1}	-0.282***	-0.135***	-0.283***	-0.135***
	(-4.880)	(-5.216)	(-4.892)	(-5.217)
Constant	-0.031	-0.019	-0.015	-0.012
	(-0.244)	(-0.309)	(-0.121)	(-0.199)
Year fixed effect	Yes	Yes	Yes	Yes
Industry fixed effect	Yes	Yes	Yes	Yes
Observations	27400	27400	27400	27400
Pseudo-/adjusted R^2	0.250	0.239	0.250	0.239

注：***、**、*代表在1%、5%、10%的水平上显著。

4.5.2 补充检验：公司信息环境的影响

为了进一步验证假设，本节进一步检验公司信息环境对管理层能力效用的交互影响。Cole 等（2006）的研究表明，当公司的信息环境较为复杂时，经理人更易根据自己的意愿自由行事，因此本节认为管理层隐藏坏消息的动机会因信息环境的不同而不同，进而影响未来公司股票崩盘的可能。

基于现有文献（Kim 和 Zhang，2016），本节选取三个不同的指标对公司信息环境复杂程度进行衡量。第一个衡量指标为财务信息的不透明度（*OPAQUE_ D*），根据第 *t* 年财务报告的不透明度将样本分为两组，如果公司观测值高于样本中位数，则 *OPAQUE_ D* 取值为 1，反之为 0。表 4-13 结果显示，三个崩盘风险指标回归中，交互项 *MA×OPAQUE_ D* 的系数显著为正。第二个衡量指标为业务分离程度（*BUS_ SEG_ D*）。Cohen 和 Lou（2012）指出，拥有更多业务部门的公司信息环境更为复杂，从而阻碍了投资者对消息的辨识认知能力。表 4-13B 组结果显示，交互项（*MA×BUS_ SEG_ D*）对 *NCSKEW* 和 *DUVOL* 的系数显著为正，而当以 *CRASH* 为因变量时，交互项的系数为正，但不存在统计意义上的显著性。因此，本节推断管理层能力对崩盘风险提升的效果在信息环境复杂的公司中更为明显。第三个衡量指标为管理层预测能力（*FORECAST_ D*）。管理层对信息的披露行为可以改善公司的信息环境以及缓解投资者信息不对称的问题（Lee 等，2012），因此本节预测，对于频繁公布管理层预测报告的公司而言，管理层能力对公司股价的危害性将减弱。在表 4-13C 组中，虽然交互项（*MA×FORECAST_ D*）对 *NCSKEW* 和 *CARSH* 有不显著的负面影响，但当使用 *DUVOL* 为因变量时，交互项的系数显著为负，说明在信息环境较差的公司中，管理层能力对崩盘风险的作用力更加明显，与本节预期相符。

表 4-13　横截面分析

A 组：信息不透明度			
变量	$NCSKEW_{t+1}$	$DUVOL_{t+1}$	$CRASH_{t+1}$
	(1)	(2)	(3)
MA_t	0.003	0.001	0.048
	(0.154)	(0.119)	(0.973)
$MA_t \times OPAQUE\_D_t$	0.045*	0.024**	0.153**
	(1.749)	(2.063)	(2.249)

续表

A 组：信息不透明度

变量	$NCSKEW_{t+1}$	$DUVOL_{t+1}$	$CRASH_{t+1}$
	(1)	(2)	(3)
$OPAQUE\_D_t$	-0.012	-0.010	-0.055
	(-0.764)	(-1.425)	(-1.289)
Control variables	YES	YES	YES
Year fixed effect	YES	YES	YES
Industry fixed effect	YES	YES	YES
Observations	53148	53148	53148
Pseudo-/adjusted R^2	0.047	0.054	0.020

B 组：业务复杂度

变量	$NCSKEW_{t+1}$	$DUVOL_{t+1}$	$CRASH_{t+1}$
	(1)	(2)	(3)
MA_t	-0.004	0.001	0.106**
	(-0.196)	(0.147)	(2.157)
$MA_t \times BUS\_SEG\_D_t$	0.052**	0.021*	0.014
	(2.003)	(1.804)	(0.212)
$BUS\_SEG\_D_t$	-0.030*	-0.013*	-0.030
	(-1.914)	(-1.799)	(-0.724)
Control variables	YES	YES	YES
Year fixed effect	YES	YES	YES
Industry fixed effect	YES	YES	YES
Observations	53148	53148	53148
Pseudo-/adjusted R^2	0.049	0.056	0.020

C 组：管理层预测

变量	$NCSKEW_{t+1}$	$DUVOL_{t+1}$	$CRASH_{t+1}$
	(1)	(2)	(3)
MA_t	0.037**	0.019***	0.123***
	(2.303)	(2.698)	(2.960)

续表

C组：管理层预测			
变量	$NCSKEW_{t+1}$	$DUVOL_{t+1}$	$CRASH_{t+1}$
	(1)	(2)	(3)
$MA_t \times FORECAST\_D_t$	-0.046	-0.025*	-0.021
	(-1.543)	(-1.866)	(-0.293)
$FORECAST\_D_t$	0.068***	0.031***	0.110**
	(3.486)	(3.553)	(2.264)
Control variables	YES	YES	YES
Year fixed effect	YES	YES	YES
Industry fixed effect	YES	YES	YES
Observations	53148	53148	53148
Pseudo-/adjusted R^2	0.047	0.055	0.020

注：***、**、*代表在1%、5%、10%的水平上显著。

4.5.3 管理层能力的替代变量

即便研究表明（Bertrand 和 Schoar，2003；Demerjian 等，2012）传统衡量管理层能力的方式会给结果带来噪声，但本节仍选择尝试用传统测量指标为替代变量进行回归分析。本节选取 CEO 薪酬、授予的股票期权价值以及 3 年和 5 年价值加权的历史回报（Demerjian 等，2012；Milbourn，2003）作为衡量指标。CEO 薪酬数据来自 Compustat 的 ExecuComp 数据库，并以 1992 年报告的格式（项目：TDC1）计算总薪酬（*COMPENSATION*）。授予的股票期权价值（*OPTION*）是每年年末既定和非既定的期权总值（*OPT_ UNEX_ EXER_ EST_ VAL+OPT_ UNEX_ UNEXER_ EST_ VAL*）。最后两个指标分别为 3 年（从第 $t-3$ 年到第 $t-1$ 年，表示为 *HIS_ RET*1）和 5 年（从第 $t-5$ 年到第 $t-1$ 年，表示为 *HIS_ RET*2）历史回报根据价值加权后的数值。表 4-14 结果显示，*COMPENSATION*、*OPTION*、*HIS_ RET*1 和 *HIS_ RET*2 的系数均在 5%水平上显著为正，加强了本节结论的稳健性。综上表明，管理层能力是公司股价崩盘的推动因素。

表 4-14 管理层的替代指标

变量	$NCSKEW_{t+1}$	$DUVOL_{t+1}$	$CRASH_{t+1}$	$NCSKEW_{t+1}$	$DUVOL_{t+1}$	$CRASH_{t+1}$	$NCSKEW_{t+1}$	$DUVOL_{t+1}$	$CRASH_{t+1}$	$NCSKEW_{t+1}$	$DUVOL_{t+1}$	$CRASH_{t+1}$
	(1)	(2)	(3)	(4)	(5)	(6)	(7)	(8)	(9)	(10)	(11)	(12)
$COMPENSATION_t$	0.028**	0.012**	0.068***									
	(2.549)	(2.354)	(2.626)									
$OPTION_t$				0.012**	0.006**	0.019						
				(2.293)	(2.525)	(1.423)						
HIS_RET1_t							0.089***	0.039***	0.131***			
							(10.110)	(9.834)	(5.678)			
HIS_RET2_t										0.114***	0.050***	0.163***
										(10.127)	(9.904)	(5.458)
Control variables	Yes	Yes	Yes	Yes	Yes	Yes	Yes	Yes	Yes	Yes	Yes	Yes
Year fixed effect	Yes	Yes	Yes	Yes	Yes	Yes	Yes	Yes	Yes	Yes	Yes	Yes
Industry fixed effect	Yes	Yes	Yes	Yes	Yes	Yes	Yes	Yes	Yes	Yes	Yes	Yes
Observations	13123	13123	13123	10872	10872	10872	51746	51746	51746	51746	51746	51746
Pseudo-/adjusted R^2	0.028	0.033	0.019	0.030	0.034	0.022	0.052	0.059	0.020	0.052	0.059	0.020

注：***、**代表在 1%、5%的水平上显著。

4.6 结论

本节研究了管理层能力与未来股价崩盘风险之间的关系。通过对1991—2014年的数据进行分析，发现管理层能力与公司股价崩盘风险之间呈现正相关关系。此外，通过剔除投资者异质性、信息不透明性、其他公司层面的因素效应和控制行业以及年份影响的固定效应方法，增强结论的稳健性，而且该结论在替换管理层能力和崩盘风险衡量指标以及考虑内生性问题后依旧成立。此外，本节还发现，管理者自身的经营经验、对风险项目的容忍程度以及对未来发展的关注和公司的信息环境皆会加强管理层能力和股票崩盘风险之间的关系。最后，本节对管理层能力的作用机制进行探索，并发现管理层对坏消息的囤积行为以及过度投资行为在其产生影响的过程中起到媒介作用。

本节研究对已有股票崩盘风险的文献进行补充，通过加入管理者层面的特征说明其能力是影响公司未来股价暴跌的重要因素，进而揭示了管理层能力潜在的黑暗面，对后续对管理层能力分析的研究起到引导作用。

第5章

企业管理层能力对企业决策的影响——基于中国市场的初步探索

5.1 管理层能力在中国的发展

国内现有研究一般从广义和狭义两个角度对管理层范围进行界定。从广义来看，管理层包括公司的董事、监事和高级管理人员（魏刚，2000；陈冬华等，2005 等）；从狭义来看，管理层包括董事长和总经理（李增泉，2000；吴文锋等，2008 等）。国内对管理层能力的研究起步较晚，相关实证证据较少。

国内研究管理层能力的文献很大程度上都在集中研究管理者的某项具体特征或者某类管理者。例如，姜付秀等（2009）研究了管理者过度自信与企业扩张之间的关系并对管理者对企业财务困境的影响进行了探讨，初步发现管理者的过度自信对公司的扩张有显著的影响。冯根福、吴林江（2001）从股权结构、股权激励、董事长与总经理分离与合一等多个角度出发采用实证分析的方法研究了我国上市公司的并购活动的绩效。傅颀等（2014）将董事长和总经理两职合一、高管任期、股权制衡度作为衡量管理层权力的指标，研究管理层权力、高管薪酬变动和公司并购行为之间的关系。李善民等（2009）以高管追求个人私利和存在过度自信行为为理论背景，研究企业并购活动的经济效益。田高良等（2013）主要对高层管理者中的连锁董事进行研究，发现并购双方的连锁董事关系会影响并购绩效。另外，很多学者将注意力放在我国关系型导向特质对管理者能力的影响上。例如，傅颀等（2014）研究了我国不同性质企业中管理层权力在并购中的作用；陈仕华等（2015）分析了我国“准官员”国企高管在并购所起的作用；陈仕华和卢昌崇（2013）基于组织间模仿理论，从企业间网络视角出发研究企业间高管联结对并购溢价决策的影响等。

随着 Demerjian 等（2012）计量管理层能力的新方法的提出，许多中国学者将新的指标衡量方法应用到中国市场。例如，张铁铸和沙曼（2014）以中国沪深主板 2010—2012 年上市公司为研究样本，通过实证分析发现，无论是在非民营上市公司还是在民营上市公司中，管理层能力与在职消费之间均呈现出 1%显著水平上的负相关关系，表明能力较强的经理人很少通过在职消费去攫取私人利益。唐国平等（2014）通过分析管理层能力对现金及持有价值的影响，发现管理层能力越强的企业所持有的现金以及现金的持有价值相对越高，进一步说明管理层能力对企业财务行为的重要影响。何威风和刘巍（2014，2015）分别揭示了管理层能力对资本结构调整及审计收费的影响——能力强的管理层拥有较强的社会资源整合能力，在公司资本结构动态调整过程中表现得更为积极；能力强的管理层有能力减少公司审计费用，以减少公司成本费用。潘前进和王君彩（2015）以投资现金流敏感性为切入点，研究管理层能力的效用，发现高能力的管理层能够降低资本投资现金流的敏感性，在一定程度上缓解企业的融资约束。姚立杰和周颖（2018）以 2009—2015 年中国 A 股上市公司为样本，检验管理层能力对企业创新水平和创新效率的影响。研究发现，管理层能力对企业创新水平和创新效率均具有显著的正向影响，即管理层能力越强，企业创新水平越高，创新效率也越高，同时发现该影响在不同的产权性质中的作用效果不同。

5.2 管理层能力在中国市场的延伸和进一步拓展——从管理层能力到组织资本

管理层能力的提出使得研究学者开始重视企业中的无形资本，近几年来，西方学者将目光从管理层能力转移到公司整体的无形资本，即组织资本。随着贝克尔开创的“经济思想中人力资本投资革命”的发展，对人力资本的探究在近些年备受青睐。早在 2000 年，张钢就提出人力资本不能只建立在“经济人”基础上，而应该从人力资本拓展到组织资本。

组织资本的概念早在 1980 年就被 Prescott 和 Visscher（1980）首次提出，但几十年以来，组织资本如何量化成为近几年来热门的研究领域。在现代企业中，研究者发现企业现在的企业价值很难完全用现有的有形资本进行解释，无形资本的重要性日益凸显。人力资本作为无形资本的一部分，已得到众多学者的关注，而量化组织资本方面，Lev 和 Radhakrishnan（2005）提出用企业资本化的销售管理费用创建公司隐性资本的衡量方式，这种方式能够在一定程度上解释公司的价值溢价。因此，本章中，将利用中国数据创建企业整体的组织资本进行探究。

5.2.1 问题的提出

如何缓解以总经理为代表的高层管理者与股东之间的利益冲突，一直是公司治理实践的关注重点。其中，作为降低企业代理成本的有效手段，股权激励计划在西方资本市场被广泛运用。企业通过奖励公司高管一定数量的股权，使管理者以股东身份参与公司治理，共同承担公司的运营风险以及享受公司的利润，进而实现公司管理层与股东之间的利益趋同。2005 年 12 月 31 日，中国证监会颁布《上市公司股票期权激励管理办法（试行）》，我国上市公司开始推行股权激励计划并呈现逐步增长的趋势。据统计，截至 2017 年 12 月底，我国已有 1318 家上市公司对其高管实施了股权激励计划。鉴于此，本节试图探究中国制度背景下的股权激励计划对上市公司治理的积极作用。具体地，本节拟研究股权激励计划是否以及如何影响企业的组织资本。

现有文献大多通过企业财务信息构建相关指标来研究股权激励的经济后果。然而，股权激励是一项长期激励手段，其效果是持续性的，因此将股权激励与短期绩效（如净利润、股价和净资产收益率等）结合研究会存在时间不匹配问题；另外，财务指标会忽略企业人力资本、信息资本等重要的非财务信息，无法充分展现企业在资本市场的可持续竞争力。企业组织资本是一个多维度的概念，包括员工所掌握的信息技术、公司的规章制度、公司独特的经营模式及生产流程和企业永续经营过程中所保留下来的有价值的无形经验（Lev 和 Radhakrishnan，2009）。组织资本作为组织当中具有特质性的非物质财富，是企业保持持续竞争优势的源泉。比如，随着知识经济时代的到来，人力资本的流失会使公司遭受巨大损失，甚至面临成功被复制的经营风险，尤其当对手公司雇用原公司的技术人员。在这样的挑战下，如果企业选择将人力资本转化为竞争对手无法轻易模仿的组织资本，将大大降低企业对员工的依赖性并减少对人力资本的投资风险，进而提高企业的持续竞争力。因此，本书研究股权激励计划对企业组织资本的影响，能够更好地考察股权激励的长期效应，特别是对企业持续竞争力的作用。

股权激励制度能否有效地解决管理者与所有者之间的委托代理问题，存在两种相悖的观点。激励观点认为，股权激励赋予管理者对企业剩余财产的分配权，从而能够有效地抑制高管的利己行为（Berle 和 Means，1991）。福利观点则认为，公司选择股权激励是出于福利目的，股权激励不仅不能减轻代理问题，反而会赋予高管更大的权力，导致其更容易以权谋私损害公司的利益（Defusco 等，1991）。但如前所述，现有研究对股权激励效果的探究多集中于公司当前的绩效方面，而决定公司未来发展情况的是公司长期积累的组织资本，因此，本书将以组织资本为结果变量，研究股权激励对企业而言究竟是“激励”还是“福利”。

基于上述分析，管理层的股权激励在缓解代理矛盾与增强管理层权力之间存在一定的权衡。因此，本书主要围绕三个方面进行展开：第一，检验股权激励的授予对企业组织资本是否存在增值作用，以判定我国上市公司中的股权激励制度在现实中主要起到激励作用抑或是福利作用；第二，验证其他内部治理机制与外部治理机制是否会影响股权激励作用的发挥；第三，探究股权激励通过怎样的途径影响公司组织资本的变化。

本书的可能研究贡献如下：第一，拓展了股权激励的相关研究。本节从公司长远发展的目标出发，选择“组织资本”这一新兴概念，研究企业实施股权激励计划的经济后果。本书参考 Lev 和 Radhakrishnan（2005）的永续盘存法计算企业组织资本，将公司人力资本以及无形资产等方面纳入考量企业长期竞争优势的范畴。第二，丰富了新兴的组织资本领域的相关研究。随着时代的发展，众多学者发现公司中除去有形资本带来的市值增值外，其他无形资本，例如，人力资本与公司文化等带来的价值增加反而占比更多（Lev 和 Radhakrishnan，2015）。而通过何种途径实现企业组织资本的增加也成为近几年的热门研究话题。例如，Li 等（2018）发现企业通过并购能够有效地提升组织资本。第三，深入探究了股权激励发挥影响的作用机制。本节在实证检验股权激励对组织资本的积极作用基础上，发现激励的作用并非完全直接作用于组织资本，而是以管理层能力为媒介，将激励的效用传递给组织资本。这一研究结果进一步加深了对于股权激励作用机理的理解，并对企业推行股权激励计划具有实践参考价值。

接下来，本节将在第二部分对以往研究中涉及股权激励效用以及组织资本的文献进行回顾，并结合本节的分析提出假设；在第三部分介绍研究设计和研究方法；在第四部分描述样本数据并对假设进行实证检验；在第五部分对本节的研究进行总结并提出公司治理方面的建议。

5.2.2 理论分析与假设提出

5.2.2.1 股权激励与组织资本

Jensen 和 Meckling 在 1976 年首先用委托代理理论对公司治理中控制权与管理权分离的现象进行分析，并将委托代理关系定义为根据契约，一个或多个行为主体指定雇用另一行为主体为其提供服务，并根据其提供的数量和质量支付相应的报酬。薪酬制度的不完整以及人的有限理性和自利性是管理层滥用权力谋求私利的动机。为了赋予管理层对企业剩余财产的索取权从而抑制代理问题，股权激励成为上市公司解决代理问题的基本途径和方式。

学术界关于股权激励的研究分为激励观点和福利观点。支持股权激励的学者认为股权激励可以发挥积极作用，提升企业价值。Berle 和 Means

(1991) 认为合理的股权激励方案有助于代理人与委托人的利益一致性，从而减少代理问题。李斌和孙月静（2009）得到在我国民营上市公司中，股权激励计划可以发挥积极的正面作用。吕长江和张海平（2011）在研究激励计划对企业投资行为的影响时发现，股权激励通过抑制企业的非效率投资方式间接缓解管理层和股东之间的利益冲突，从而解决代理问题。为探讨股权激励对企业业绩产生影响的传导机制，陈文强和贾生华（2015）针对双重代理问题构建了“股权激励—代理成本—企业绩效”的中介效应模型，指出股权激励通过抑制第一类代理成本的渠道间接提升企业的净资产收益率。

另外，也有部分学者认为公司选择股权激励是出于福利目的，会使得激励不能产生预想效果。高管持股的行为不仅不能减轻代理问题的危害，反而会赋予高管更大的权力，导致其更容易以权谋私、损害公司利益，进而加剧代理冲突。DeFusco 等（1991）发现，公司在实施股权激励后，利润和研发支出会下降，同时管理费用和销售费用会增加，因此股权激励无法使得高管的利益与股东的利益达到一致。另有一些研究发现，股权激励的实施会增大管理层进行盈余管理的可能，导致公司财务信息可信度下降，从而削弱公司治理（Beneish 和 Vargus，2002）。苏冬蔚和林大庞（2010）发现不完善的公司制度以及不成熟的资本市场导致股权激励对公司的治理产生负面影响。此外，部分学者认为股权激励会增加管理层机会主义行为。王烨等（2012）研究发现在公司内部治理机制存在缺陷的背景下，管理层很有可能利用自己的权力参与到股权激励计划的制订过程，通过设定较低的初始行权价格以追求自身利益最大化。管理层的行为使得股权激励不但没有缓解代理问题，反而成为代理问题的一部分。

现有研究股权激励经济后果的文献多从企业短期绩效出发，少有文献关注企业未来的长期发展潜力。随着现代社会的发展，最大限度地挖掘企业内部潜力、追求效率最大化成为公司在市场竞争中维持生存的首要问题。Marshall（1961）最早将组织资本作为一种生产要素引入经济学理论，认为组织资本是一个组织的非物质财富。20 世纪 80 年代以来，西方学者不断从多角度对组织资本进行定义。近年来，国外一些学者逐渐将企业的组织资本进行量化分析。例如，Baruch 和 Suresh（2009）将资产的市值分解后，发现权益市值和债务的账面价值之间无法解释的部分在逐渐增加，而且远大于企业对于有形和无形资产的投资总和。作者进一步指出，这一差额部分即为企业的组织资本，是在完全竞争市场和变化不断的商业格局中帮助企业维持在行业中持续竞争力的决定性因素。

目前关于组织资本的研究表明，组织资本可以提高企业的创新能力并且通过提高人力资本的稳定性和降低冗余成本两种方式实现高效生产、提高企业的运营能力（王双龙，2006；马宏乐，2017）。Li 等（2018）根据 1984—2011 美国并购交易数据的研究发现，组织资本高的收购方可以得到更高的公告期回报，并在完成并购后表现出更好的经营和股票业绩。Eisfeldt 和 Papanikolaou（2013）发现，组织资本高的公司的平均回报率会比组织资本低的公司高 4.6%。邱强和郭俊华（2011）选取营业费用、管理费用、无形资产、总资产周转率和组织规模衡量企业组织资本，结果表明企业的营业费用和管理费用对企业总资产报酬率之间存在显著的正向关系。杨俊仙和周洁（2016）从全要素生产率和托宾 Q 层面进行分析，研究发现高组织资本的公司具有较高的全要素生产率和托宾 Q 值，这一结果进一步验证了组织资本对公司业绩促进效应。徐茗丽等（2016）以专利申请量为衡量企业创新能力的指标，研究发现组织资本能够显著地促进企业创新。

基于上述分析，本节认为股权激励的目的是赋予经理人公司股份，使其成为公司股东，从而将其利益与公司业绩相关联。而经理人作为公司运营中的决策人，拥有足够的话语权决定其对个体人力资本的投入，同时具备充分的执行力去整合个体人力资本、构建企业的社会网络，以及为知识和技能提供环境和支持，使企业达到对资源的最大利用率。鉴于此，本书认为股权激励计划会改变管理者行为，进而影响企业的组织资本。由此，提出如下假设：

H1a：经理人股权激励计划对企业组织资本产生积极的作用。

H1b：经理人股权激励计划对企业组织资本产生消极的作用。

5.2.2.2 内部治理机制对股权激励效用的影响

在现代企业制度下，经理人会以牺牲股东利益为代价获取私人利益。当企业没有采用激励方案以达到代理人与委托人利益趋同的情况下，企业内部治理被视为用来减少代理成本的有效工具。Chau 和 Gray（2010）指出，董事会中独立董事数量的增加有助于监督管理层做出更客观决策，并且为财务信息的透明度和可信度提供保障。Beasley（1996）研究发现，独立董事占比高的公司具有更大避免财务报表舞弊的可能。王跃堂等（2006）研究发现，发现独立董事比例和公司经营业绩之间存在正向关系。由此可见，独立董事的增加有助提高董事会的独立性，进而通过减少代理问题以实现公司业绩的增长。另外，监事会在公司内部治理中也发挥着重要作用。薛祖云和黄彤（2004）发现，监事会规模与公司会计信息质量呈显著相关。李维安和王世权（2005）发现监事会治理绩效对财务安全系数的正向影响，进而指出监事会在法定的公司监督机构中发挥着不可替代的作用。

综上所述，公司内部治理机制可以通过加强对管理层的监管进而降低代理成本，提高企业的运营效率。在股权激励与企业组织资本的关系中，公司内部治理机制可能发挥替代或者互补作用，因此，本节提出如下假设：

H2a：内部治理机制会增强股权激励对组织资本的效用。

H2b：内部治理机制会削弱股权激励对组织资本的效用。

5.2.2.3 外部治理机制对股权激励效用的影响

在我国资本市场，上市公司易出现内部人控制情况，造成股东之间的利益冲突（陈晓和王琨，2005）。在这种情况下，公司不能完全依赖企业内部治理机制来减少代理问题，于是逐渐开始借助资本市场和产品市场完成外部治理体系的搭建。资本市场可以通过对管理层施压的手段直接对经理人起到约束作用。随着我国资本市场的快速发展，机构投资者因其拥有的信息优势以及专业知识，在外部治理结构中发挥着日益重要的作用。比如，机构投资者会在公司经营不利的时候，采取“用手投票”的方式对公司的管理层实施制衡。因此，投资者可以对公司的管理层行为起到有效的监督作用，进而加强资本市场对公司治理的力度（Shleifer 和 Vishny, 1997）。Chung 等（2002）发现，机构投资者的持股比例与管理层盈余管理行为之间存在反向关系，即机构投资者通过监督经理人的方式抑制盈余管理行为，并且其监管效果随着机构投资者持股比例的增加而提高。由此，本节提出如下假设：

H3a：企业外部治理机制会增强股权激励对组织资本的效用。

H3b：企业外部治理机制会削弱股权激励对组织资本的效用。

5.3 研究设计

5.3.1 模型设计

5.3.1.1 股权激励与组织资本

为验证股权激励计划对企业组织资本的影响，基于吕长江等（2011）和 Li 等（2018）的研究，构建回归模型（5-1）：

$$OC_{i,t} = \alpha + \beta_1 Option_{i,t} + \beta_2 FSIZE_{i,t} + \beta_3 MB_{i,t} + \beta_4 R\&D_{i,t} + \beta_5 SA_{i,t} + \beta_6 CAPEX_{i,t} + \sum Industry + \sum Year + \varepsilon \quad (5-1)$$

其中，i 和 t 分别代表样本公司以及所在年份，*OC* 衡量公司组织资本（用组织资本的对数表示），*Option* 表示公司是否实施股权激励，*FSIZE* 代表公司规模（用总资产对数表示），*MB* 代表公司的市价比率（用公司权益的市场价值与账面价值的比值表示），*R&D* 为公司的研发费用（Research 和 Development Expense），*SA* 为公司销售费用与管理费用的总和（Selling 和 Administrative Expenses），*CAPEX* 为公司资本性支出（*Capital Expenditure*）。*Industry* 和 *Year* 分别为行业控制变量和年度控制变量。此外 α 为常数项，ε 为残差项。根据 β_1 的符号以及显著性可以判断股权激励对组织资本的影响效果以及程度。此外，本节还选取股权激励计划中管理层持有股份的数量与公司总股数的比值（*Option_ percent*）作为解释变量的替代指标，展开进一步的稳健性检验。

5.3.1.2 内部治理对股权激励效应的影响

基于回归模型（5-1）的结果，本节构建回归模型（5-2）对公司内部治理结构是否会影响股权激励对于组织资本的促进/抑制作用进行探索：

$$OC_{i,t} = \alpha + \beta_1 Option_{i,t} + \beta_2 INGOV_{i,t} + \beta_3 Option_{i,t} \times INGOV_{i,t} + \beta_4 FSIZE_{i,t} + \beta_5 MB_{i,t} + \beta_6 R\&D_{i,t} + \beta_7 SA_{i,t} + \beta_8 CAPEX_{i,t} + \sum Industry + \sum Year + \varepsilon \quad (5-2)$$

其中，*INGOV* 代表内部治理机制，分别用两个指标衡量：董事会的独立性（*INDEP*），即独立董事的数量与董事会人数的比值；监事会的规模（*SUPVIS*），即监事会人数。通过比较 β_3 的方向以及显著性，可以判断从组织资本的角度出发，内部治理机制对股权激励效应的关系。

5.3.1.3 外部治理机制对股权激励效应的影响

为了研究外部治理环境是否会影响股权激励对组织资本的调节作用，本节构建回归模型（5-3）进行分析：

$$OC_{i,t} = \alpha + \beta_1 Option_{i,t} + \beta_2 OUTGOV_{i,t} + \beta_3 Option_{i,t} \times OUTGOV_{i,t} + \beta_4 FSIZE_{i,t} + \beta_5 MB_{i,t} + \beta_6 R\&D_{i,t} + \beta_7 SA_{i,t} + \beta_8 CAPEX_{i,t} + \sum Industry + \sum Year + \varepsilon \quad (5-3)$$

其中，*OUTGOV* 代表外部治理机制，本节选取机构投资者对于公司股份的持有比例（*INSTITSH*）进行衡量。通过比较 β_3 的方向以及显著性，可以判断外部治理结构对股权激励作用效果的影响。

5.3.2 企业组织资本的衡量

本书借鉴 Lev（2009）和 Eisfedt（2013）的永续盘存法，通过 SG&A（Selling，General 和 Administrative Expense）测度企业组织资本。由于美国财务报表中的 SG&A 相当于中国会计准则下的销售费用与管理费用之和（*SA*），所以采用以下公式进行计算：

$$OC_{i,t} = (1-\delta_0) OC_{i,t-1} + \frac{SA_{i,t}}{cpi_t}$$

$$OC_0 = \frac{SA_1}{g+\delta_0}$$

其中，$OC_{i,t}$代表第 t 年 i 公司的组织资本，δ_0 是公司研发支出的折现率（杨俊仙，2016），$OC_{i,t-1}$代表第 $t-1$ 年 i 公司的组织资本，$SA_{i,t}$是 i 公司第 t 年年报中披露的销售费用与管理费用之和，cpi_t 是第 t 年年末本节国居民消费价格指数。OC_0 代表公司初始年的组织资本，SA_1 是组织资本初始年年末财务报表披露的销售费用与管理费用之和，g 是公司水平 SA 的年算术平均增长率。变量定义表如表 5-1 所示。

表 5-1 变量定义表

变量符号	变量名称	变量定义
OC	组织资本	采用永续盘存法利用销售和管理费用计算的组织资本的对数
Option	股权激励	代表公司是否公布激励计划：如果公司公布股权激励计划，则取值为 1，否则为 0
Option_ percent	股权激励比例	公司激励计划标的物总数占公司总股数的比例
INDEP	董事会独立性	董事会中独立董事的数量占董事会总人数的比例
SUPVIS	监事会规模	监事会的人数
INSTITSH	机构投资者持股比例	机构投资者持股总数占公司总股数的比例
FSIZE	公司规模	公司总资产的对数
MB	公司市价比率	公司权益的市场价值与账面价值的比率
R&D	研发费用	每年年底公司在财务报表中披露的研发费用与公司总资产的比值
SA	销售和管理费用	每年年底公司在财务报表中披露的销售费用和管理费用之和与公司总资产的比值
CAPEX	资本性支出	每年年底公司在财务报表中披露的资本性支出与公司总资产的比值

5.4 实证结果与分析

5.4.1 样本选择与数据来源

本节的数据来源为国泰安经济金融研究（CSMAR）数据库，CSMAR中股权激励的数据统计起源于2005年，在2005年之前，中国的股权激励还未发展，鲜有公司采取股权激励的方式，因此本节选取2005—2017年中国沪深两市A股上市公司作为初始研究样本，在此期间共有1169家公司实施了股权激励。考虑到公司类型的不同以及信息披露的差异，本节剔除了金融行业以及变量存在缺失值的公司。最终，样本涵盖2966家上市公司共计24546个观察值，其中有977家公司公布了股权激励方案。此外，为消除极端值对研究结果的影响，本节对连续变量进行了缩尾处理。

接下来，本节将首先对样本数据进行描述性统计，定量分析各指标的分布特征，从而判断各指标用于回归分析的合理性。然后，对指标进行相关性分析，重点考察在不考虑其他因素的影响下，观测变量（*Option*）与因变量（*OC*）二者之间的相关关系。进一步，本节通过OLS回归模型，检验在控制其他影响组织资本的因素后，观测变量（*Option*）与因变量（*OC*）二者之间的关系是否依旧存在且显著。最后，通过机制和渠道检验，探究股权激励计划如何影响企业组织资本，为本节主假设理论提供进一步支撑。

5.4.2 描述性统计

根据表5-2的描述性统计分析，A股上市公司在2005—2017年，组织资本的对数分布在13.728~22.085区间内，其均值为18.512；标准差为1.565。是否有股权激励（*Option*）的标准差为0.246，均值为0.065，表明我国上市公司实施股权激励的比例为6.5%，依然是一个较小的比例。而对于977家实施股权激励的公司（*Option_ percent*），股权激励占总股数的份额最小值和最大值分别为0.000和0.294，标准差为1.565，说明不同公司的股权激励公告内容存在较大的差异。公司规模（*FSIZE*）的标准差为 1. 335，最大值和最小值分别为 11. 348 和 28. 509，表明中国的上市公司规模存在较大的差异。公司的市值与账面价值之比（*MB*）介于 0. 948～9. 194 之间，差异较大，标准差为 1. 835。在研发方面的投入（*R&D*），平均值为 2%，标准差为 0. 010。销售和管理费用占总资产的比重（*SA*）均值为 0. 794，标准差为 0. 318。资本性支出（*CAPEX*）的最大值和最小值为 0. 000 和 0. 396，表明不同公司资本性支出的差异较大。

表 5-2 描述性统计

变量	样本数	均值	标准差	最小值	最大值
OC	24546	18. 512	1. 565	13. 728	22. 085
Option	24546	0. 065	0. 246	0. 000	1. 000
Option_ percent	24546	0. 002	0. 123	0. 000	0. 294
FSIZE	24546	21. 855	1. 335	11. 348	28. 509
MB	24546	2. 667	1. 835	0. 948	9. 194
R&D	24546	0. 002	0. 010	0. 000	0. 390
SA	24546	0. 794	0. 318	0. 000	47. 242
CAPEX	24546	0. 002	0. 009	0. 000	0. 396

5. 4. 3 相关性检验

在进行回归分析之前，首先对主要变量进行相关性检验。主要变量的相关性结果主要包括皮尔森和斯皮尔曼系数以及显著性（见表 5-3）。本节们可以发现股权激励（*Option*）与组织资本（*OC*）之间存在显著的正相关关系，初步验证了本节的第一部分假设。公司规模（*FSIZE*）对组织资本（*OC*）的弹性为正，而且显著性很高，证实了 Imrohoroglu 和 Tuzel（2014）的结论，即与小规模公司相比，大规模公司本身对企业组织资本的增长起到促进作用。从相关系数来看，绝大部分相关系数均小于 0. 5，说明变量之间基本不存在多重共线性的问题。尽管主要变量之间的相关性系数与本节的部分假设吻合，但因为其未考虑变量之间的交叉影响，所以还需要对变量进行多元回归分析以得到无偏结果。

表 5-3　相关性检验

	OC	*Option*	*Option_ percent*	*FSIZE*	*MB*	*R&D*	*SA*	*CAPEX*
OC		0. 073***	0. 069***	0. 094***	0. 001***	-0. 000	0. 254**	0. 014***
Option	0. 063***		0. 972***	-0. 005	0. 094***	0. 069	0. 058***	0. 083
Option_ percent	0. 040***	0. 732***		-0. 008***	0. 095***	0. 067***	0. 057	0. 081***
FSIZE	0. 149***	-0. 001	-0. 027***		-0. 500***	0. 028	-0. 416***	0. 026*
MB	-0. 024***	0. 071***	0. 037***	-0. 455***		0. 117	0. 282***	0. 110
R&D	-0. 0015	0. 040	0. 032***	-0. 008	-0. 080		0. 052	0. 821***
SA	0. 033**	0. 010***	0. 010	-0. 125***	0. 088***	0. 006		0. 078***
CAPEX	-0. 007***	0. 048	0. 041***	-0. 012*	0. 076	0. 756***	0. 009***	

注：***、**、*代表在 1%、5%、10%的水平上显著。

5.4.4 回归结果分析

5.4.4.1 股权激励与企业组织资本

表 5-4 基于模型（5-1）列示了我国上市公司股权激励实施情况与企业组织资本的多元回归结果。其中，系列 1 中因变量为公司是否授予股权，主要采用 Logistic 模型进行回归分析。系列 2 中因变量为公司授予股权类激励的比例，主要借助最小二乘法（OLS）回归模型进行分析。从结果可以发现，自变量 *Option* 的系数和 *Option_ percent* 的系数显著为正，表明股权的授予能有效地提高公司的企业组织资本，对企业未来的长期发展具有积极的促进作用，这支持了现有的激励假说。为了保证结果的稳健性，本节还利用自变量和控制变量滞后一期进行回归分析，结果依然成立。

表 5-4 股权激励与企业组织资本

变量	系列 1	系列 2
	OC	*OC*
Option	0.428***	
	(10.70)	
Option_ percent		5.692***
		(7.20)
FSIZE	0.294***	0.296***
	(32.16)	(32.36)
MB	0.090***	0.093***
	(12.89)	(13.32)
R&D	-4.544***	-4.485***
	(-2.97)	(-2.93)
SG&A	0.210***	0.212***
	(6.81)	(6.86)
CAPEX	1.930*	2.018
	(1.16)	(1.21)
YearFE	Yes	Yes
IndustryFE	Yes	Yes

续表

变量	系列 1	系列 2
	OC	*OC*
Adjusted R^2	0.060	0.058
N	24542	24542

注：***、*代表在1%、10%的水平上显著。

5.4.4.2 内部治理机制的影响

股权激励的产生旨在解决公司的委托代理问题，而在现代公司内部，企业还建立了独立董事与监事会制度，对管理者的行为进行监督与指导。为了探究不同机制之间存在互补关系还是替代关系，在该部分中，本节将样本按照独立董事比例和监事会规模分为高低两组，与股权激励的授予进行交乘项回归，结果如表5-5所示。从表5-5显示的结果中，可以看出交乘项 *Option×INDEP*、*Option_ percent×INDEP*、*Option×SUPVIS* 与 *Option_ percent×SUPVIS* 均显著为负。单独的内部独董制度或监事会制度治理机制与股权激励配合使用时，对股权激励的实施具有负面的影响。这表明，当公司内部治理机制较弱时，股权激励对于企业组织资本的提高作用更显著。

表 5-5　内部治理、股权激励与企业组织资本

变量	系列 1	系列 2
	OC	*OC*
Option	2.586**	
	(2.46)	
Option_ percent		56.788**
		(2.02)
Option×INDEP	-5.622**	
	(-2.00)	
Option_ percent×INDEP		-129.315*
		(-1.66)
Option×SUPVIS	-0.670**	
	(-2.16)	

续表

变量	系列 1	系列 2
	OC	OC
Option_ percent×SUPVIS		-18.283**
		(-2.11)
Option×INDEP×SUPVIS	1.765**	
	(2.11)	
Option_ percent×INDEP×SUPVIS		47.129*
		(1.95)
FSIZE	0.200***	0.201***
	(23.89)	(23.99)
MB	0.000	0.000
	(0.77)	(0.77)
R&D	-0.000***	-0.000***
	(-5.14)	(-5.13)
SG&A	0.000***	0.000***
	(13.01)	(13.06)
CAPEX	0.000*	0.000*
	(1.65)	(1.67)
YearFE	Yes	Yes
IndustryFE	Yes	Yes
Adjusted R^2	0.059	0.057
N	24415	24415

注：***、**、*代表在 1%、5%、10%的水平上显著。

5.4.4.3 外部治理机制的影响

公司的外部治理机制与内部治理机制相辅相成，卓越的外部参与者对内部治理机制的有效实施具有举足轻重的作用。因此，本节将机构投资者持股情况与股权激励的效果结合分析，探究两者之间是否如内部治理机制一样为替代关系。结果如表 5-6 所示，其中，*Option×INSTITSH* 与 *Option_ percent×INSTITSH* 的系数显著为负，表明外部机构投资者的参与和内部股权激励的实施也互为替代关系。

表 5-6　外部治理、股权激励与企业组织资本

变量	系列 1	系列 2
	OC	*OC*
Option	0.531***	
	(9.38)	
Option_ percent		5.716***
		(4.45)
INSTISH	−0.031***	0.002
	(−9.56)	(0.075)
Option×INSTITSH	−0.054***	
	(−2.80)	
Option_ percent×INSTITSH		−0.017
	(−0.11)	
FSIZE	0.208***	0.204***
	(21.21)	(20.79)
MB	0.000	0.000
	(0.93)	(0.01)
R&D	−0.000***	−0.000***
	(−3.29)	(−3.43)
SG&A	0.000***	0.000***
	(10.56)	(10.81)
CAPEX	0.000	0.000
	(1.34)	(1.29)
YearFE	Yes	Yes
IndustryFE	Yes	Yes
Adjusted R^2	0.069	0.060
N	16597	16597

注：***代表在 1%的水平上显著。

5.4.4.4　进一步机制检验

企业组织资本中尤为重要的一部分为企业的人力资本，为了探究股权的授予通过怎样的方式最终影响企业的组织资本，本节选取了公司的管理

层能力作为机制检验的目标。在管理层能力的度量方面，本书借鉴 Demerjian 等（2012）的做法，首先采用数据包络分析（DEA）来估计行业内公司的效率，本节选择营业收入度量公司产出，营业成本、销售及管理费用、固定资产、无形资产和商誉表示公司投入。再利用 Tobit 回归分行业测算公司管理层能力指标（MA）。结果如表 5-7 所示，系列 1 表明股权的授予有助于提高管理者的效率能力。系列 2 表明管理者效率能力的提高对企业组织资本的积累有积极的作用，这也表明人力资本在现代公司中的重要性。

表 5-7　机制检验：管理者能力的作用

变量	系列 1	系列 2
	MA	*OC*
Option	0.041***	
	(10.67)	
MA		0.748***
		(9.47)
FSIZE	-0.008***	0.196***
	(-10.84)	(21.76)
MB	0.001***	0.000
	(10.15)	(0.18)
R&D		-0.000***
		(-4.58)
SG&A		0.000***
		(11.51)
CAPEX		0.000
		(1.31)
YearFE	Yes	Yes
IndustryFE	Yes	Yes
Adjusted R^2	0.256	0.055
N	20504	20504

注：***代表在 1%的水平上显著。

5.5 研究结论

本章基于股权激励能否有效解决公司委托代理问题的研究，结合中国特有的股权激励发展现状，对股权激励在企业中的作用进行了深入探讨。本章选择2005—2017年我国资本市场2966家上市公司为样本，采用公司股权激励的股份数占总股份的比例为指标，实证检验发现，股权激励与公司组织资本具有显著的正相关关系。也就是说，相比未实施股权激励的上市公司，实施股权激励的上市公司的组织资本会得到显著提升。进一步地，本章发现，公司的内外部治理机制对股权激励促进公司组织资本的影响存在替代关系。当独立董事比例越低以及监事会规模越小，内部监督越弱时，股权激励与组织资本的正相关关系越显著；当机构投资者持股比例越低，外部监督越弱时，股权激励与组织资本的正相关关系越显著。此外，本章还考察了股权激励影响公司组织资本的可能途径；结果表明，股权激励会通过提升管理层能力，进而促进企业组织资本的增长。

本章的理论和政策启示在于：首先，股权激励在中国的运用依然处于探索阶段，对股权激励的态度众说纷纭，而组织成本作为一类重要的无形的企业资产正得到越来越多的重视，本研究为股权激励的作用评价提供了新的角度。在未来的实施过程中，应更加注重股权激励与企业长期发展的积累作用相结合，而不能局限于短期的企业外在绩效方面。其次，公司治理体制的创建需要权衡投入与产出的配比，了解内部、外部治理机制对股权激励作用的影响，进而更好地做出管理效用最大化的治理决策。未来的研究也可分析其他的因素（如企业的利益相关方与企业融资等）对于企业组织成本积累的影响。

第6章

结论与展望

本章是结语部分，是对本书的概括总结，主要内容由研究结论、研究特色与创新、政策建议、研究不足与展望四个部分构成。首先，对全文的实证结果进行了系统性的回顾；其次，介绍了本书主要的研究特色与创新，阐述了本书的研究贡献；再次，针对研究结论提出了相关政策建议；最后，归纳了本书的不足之处，并对未来的研究进行展望。

人力资本是科技创新的主力，也是实现经济增长的另一主要因素。管理者在企业中的作用一直备受关注，企业管理者的思想往往可以成为企业的发展方向。优秀的高层管理人员是公司最宝贵的资源投入要素之一，早期经典的经济理论认为市场中“看不见的手”可以自动调节企业中出现的各种问题，使所有资源达到优化配置，而后期的行为理论则强调了“人的行为”对公司各项决策的影响。在委托代理理论中，大多把公司管理层看成具有同质性的，着重从管理者与经营者的目标差异角度分析其对公司活动的影响，但不同的高层管理人员由于其经验的积累不同、擅长的领域不同、对外部经济形势和行业发展趋势的反应灵敏度不同，使得其在公司经营过程中面对相同的投资机会做出的决策完全不同。因此，从管理者个体的异质性角度分析问题显得尤为必要。在我国，对优秀高级管理层人才的需求日益旺盛。党的十九大报告进一步强调了人才战略资源地位，对人才强国战略提出了新要求和新蓝图。人力资源和社会保障部在 2019 年 1 月 11 日发布《人力资源和社会保障部关于充分发挥市场作用促进人才顺畅有序流动的意见》，进一步强调优秀高层人才的引进、安置，鼓励发展高端人才猎头等专业化服务机构。各地区为了吸引人才，鼓励人才创新，也相继出台诸多引人引智的重大举措，展开了一场“人才争夺战”。现有研究也表明，人力资本是城市发展的基础，是形成区域经济发展格局的重要因素（陆铭，2018）。一流企业的高管作为高端人才的重要组成部分，其渊博的学识、丰富的工作经验对企业未来的发展乃至带动整个区域的经济发展起到举足轻重的作用。

6.1 研究结论

基于现有的理论研究以及制度背景，本书采用实证分析法，基于资源基础理论的视角，利用成熟市场的证据，分析管理层能力对企业并购决策以及股价波动的影响。研究结论主要包括以下几个方面：

（1）管理层能力对企业并购决策的影响研究

第一，管理层能力对企业并购决策具有显著的正向影响，能力越高的管理者更倾向于进行并购活动。并购是帮助企业实现成长的快速途径之一，能力高的管理者在并购活动中将更加自信，能够更好地整合并购后收购方与目标公司的资源，因此更倾向于大规模地进行并购活动。第二，管理层能力的不同也决定了其是否会进行连续的并购，以实现资源更好地整合。在排除了“一揽子”并购的样本之后，我们仍发现管理层能力较高的企业相较于管理层能力较低的企业，更倾向于进行连续并购。

（2）管理层能力对目标公司成长性的选择

第一，通过 Logistic 模型回归分析，发现有能力的管理者在并购活动中，更愿意选择高资产增长率的目标公司进行收购，以实现与收购公司的资源互补。第二，为了进一步研究管理层能力对目标公司与收购公司的资源互补性的选取是否存在差异，在手工匹配了目标公司的财务信息之后，利用收购公司与目标公司之间的研发投入的相对差异作为两者的创新差距的衡量标准，通过实证分析发现能力高的管理层会从资源互补角度出发，选择与自身创新差异较大的目标公司进行收购。第三，由于横向并购有助于企业更好地实现规模经济，增加其产品的市场份额，从而提高运营效率。因而，进一步的研究发现能力高的管理者更偏好于横向并购，以此帮助企业提升效率。

（3）管理层能力与并购绩效

第一，收购方管理层能力对并购后的绩效具有显著的提升作用。并购是一个复杂的动态整合过程，涉及并购后的协同效应和潜在的文化冲突等问题。公司高管能力越强，则化解这些潜在问题的可能性越大，实现并购后整合的速度也会越快。第二，在横向并购中，即收购方与被收购公司处于同一行业时，管理层能力带来的积极作用会变得更加显著。从资源基础理论来看，管理层的能力可以分为整体层面的能力、行业层面的能力以及公司层面的能力。其中，公司层面的能力最不易获取和转移，其次为行业层面的知识，最后为整体层面的能力。在横向收购活动中，管理层能够更好地发挥自身优越的行业特长，快速地定位目标公司，完成并购过程，实现并购后的有效整合。第三，能力较高的管理者偏好以现金而非股票的形式进行收购活动。现金支付被认为是高管自信的表现，同时，利用现金支付也可以有效地避免控制权的分散转移。第四，通过复制 Demerjian 等（2012）的研究，发现其创建的效率指标衡量管理层能力与现有的衡量管理层能力的指标存在显著的差异（包括 CEO 薪酬、股票期权、CEO 任期与 CEO 的历史表现等），一定程度上证明现有的用某些特定的个人特质衡量管理层能力的指标具有一定的噪声。

（4）管理层能力与股价崩盘风险

第一，管理层能力与公司的股价崩盘风险之间呈现正相关关系。虽然在本书之前的研究中发现管理层能力在企业的并购活动中起到显著的积极作用，但是能力较高的管理者，由于其自信程度较高，因此对于风险的承受能力也较高，这导致公司未来的股价崩盘风险会显著提高。第二，当管理者愈加关注未来职业发展，即任期越长、历史表现越好、薪酬水平越高、市场竞争程度越低、研发投入较高、利润波动性越高以及机构投资者持股比例较大时，管理层对股价崩盘风险的促进作用越明显。第三，通过中介效应检验，发现管理层能力影响股价崩盘风险的潜在机制包括隐藏负面新闻和进行过度投资。第四，当公司的信息环境较为复杂时，能力高的管理者与股价崩盘风险之间的正相关关系更加明显。为了增强所发现结果的稳定性，本书还进行了大量的内生性检验，包括 Heckman 两阶段、固定效应回归和差分分析，结论依然支持主要的回归结果。

6.2 研究特色与创新

本书主要的研究特色与创新之处体现在以下三个方面：

第一，本书对管理层能力在企业中的作用进行了探讨，从而丰富了资源基础理论和管理者作用的研究。有关管理层能力的研究是一个十分新颖又具有挑战性的话题。目前，大量的研究将管理层能力定位在高管的个人特征，如工作经历、生活经历、专业特长等。尽管这些研究发现管理层能力对公司的决策有多种多样的影响，但利用高管特质表征管理层能力的方法依然存在很多缺陷，很难客观准确地评估管理层能力。Demerjian 等（2012）利用数据包络分析创建的管理层能力指标，相较于传统的管理层能力指标（例如行业调整后的历史收益情况、CEO 薪酬、CEO 任期与媒体关注度等），Demerjian 等（2012）利用一系列的检验阐述了基于 DEA 的效率指标与现有的方法相比，能够更加有效地控制噪声，且该方法适用于所有的上市公司。因此，本书主要借用 Demerjian 新创建的管理层能力指标进行实证分析。

第二，本书构建了对并购决策以及经济后果的理论框架。从是否并购到选择什么特征的目标公司，再到并购后的绩效整合均进行了研究。从国内外的研究现状与发展动态可以看出，随着并购活动如火如荼地进行，研究学者对并购的研究热情也日益增加，这方面的研究方兴未艾。但目前的研究依然还是集中在某个或某几个高层管理者的某项具体特征来研究其对企业并购活动的影响，而整个管理层的能力、整体的协调合作能力并未受到足够重视。本书利用公司整体的管理层能力对并购活动以及股价波动的影响进行实证检验，既跟上了企业并购研究的学术前沿潮流，又不亦步亦趋，而是从新视角增加贡献，同时提供更直接更有说服力的实证证据，进而推动并购研究潮流的发展。另外，目前收购方并购绩效之谜依然受到众多学者的重视。寻找可能影响收购方并购绩效的因素，成为当下研究的重点问题，本书从管理层能力角度对收购方并购绩效提供了新的解释。

第三，本书有效地补充了股价崩盘的相关研究。近期越来越多的文献关注公司股价崩盘风险的影响因素，包括企业的避税行为、财务报表的披露方式等，然而现有研究多从公司整体层面出发，忽略了经理人团队在公司经营中扮演的角色。Kim 等（2016）发现过度自信的 CEO 提升了公司未来股价暴跌的风险。管理层能力在公司决策中的作用逐渐得到认可，但管理者在公司股价方面的作用以及对投资者保护角度的分析依然欠缺，本书旨在从股价角度分析管理层能力是否在于投资者关系方面发挥负面的作用。

6.3 政策建议

基于本书对西方发达市场与我国新兴市场的初步探索，结合我国未来的发展方向，提出以下政策建议：

第一，通过管理层能力的研究，发现经理人在企业经营中起着举足轻重的作用。不论在西方发达国家还是我国新兴市场，经理人对天价薪酬的渴望成为阻碍企业效率提升的重要根源之一，通过高管的薪酬约束提升高管的经营能力迫在眉睫。众所周知，我国的经理人市场依然处于起步阶段，完善经理人市场、加强对经理人的监督是当下最迫切的改革任务之一。目前，我国已率先在国企当中进行了经理人管理的改革，并且初见成效。2018 年 5 月 11 日，中央深改委第二次会议审议通过《中央企业领导人员管理规定》，改革向纵深迈进。因此，坚持利用我国明显的制度优势，努力将中国特色的先进制度转化为卓越的公司治理效能，提升管理层的能力水平以及管理效率，对未来我国企业做大做强具有深远的指导意义。

第二，通过对资本市场并购活动的研究，发现优秀的经理人能够帮助企业实现更好的协同效应，发挥资本市场的积极融资作用。在“一带一路”倡议与“走出去”战略的引导下，我国越来越多的本土企业走出国门，进行海外收购活动。我国企业在海外的收购活动中，依然存在一些问题，例如，在并购中支付过高的价格而损害自身的利益，跨国并购失败率较高等。因此，培养我国本土经理人在并购活动中的目标企业识别能力、溢价能力与整合能力，对实现我国与全球市场接轨、融入全球经济具有举足轻重的作用。

第三，通过对股权激励的初步探索，发现股权激励对高管的能力提升具有积极的作用。在 2018 年 7 月 3 日至 4 日的全国组织工作会议中，习近平总书记强调："要完善人才培养机制，改进人才评价机制，创新人才流动机制，健全人才激励机制。"股权激励作为企业招揽人才的重要手段之一，其推广与发展对我国企业的成长具有重要的意义。2020 年 5 月 30 日，国资委也发布了关于深化国有企业改革、强化正向激励的决策部署，制定发布了《关于印发〈中央企业控股上市公司实施股权激励工作指引〉的通知》，这标志着我国在股权激励方面迈入了新的发展阶段。由于我国股权激励起步较晚，且多见于民营企业中，所以未来积极在国有企业中推行股权激励政策，将有助于进一步激发管理者能力的提升。

6.4 研究不足与展望

第一，管理层能力对企业并购、股价崩盘风险的影响均涉及内生性问题，虽然本书在研究过程中利用匹配法、差分分析、Heckman 两阶段等方法分析内生性问题，但是也只能在一定程度上缓解内生性问题，无法完全将其解决。

未来的研究可以更多地关注内生性问题，在研究场景的选择和指标的构建方式方面进行创新，从而解决内生性问题。

第二，本书主要研究管理层能力在美国市场的作用，对中国的探索依然处于初级阶段。

未来的研究可以结合中国的特殊制度背景以及独有的企业性质进行分析，以便发现在中国市场管理层能力的作用与发达国家存在怎样的共通点与差异点，为我国经理人市场的发展提供有价值的理论证据。

参考文献

[1] Aaronovitch, S., & Sawyer, M. C. (1975). Mergers, growth, and concentration. Oxford University Press 27, 136-155.

[2] Adolf A. Berle, Jr., Gardiner C. Means. (1932). The Modern Corporation and Private Property.

[3] Agrawal, A., Jaffe, J. F., & Mandelker, G. N. (1992). The post-merger performance of acquiring firms: a re-examination of an anomaly. The Journal of Finance, 47 (4), 1605-1621.

[4] Agrawal, A., & Jaffe, J. F. (2000). The Post Merger Performance Puzzle. Advances in Mergers & Acquisitions 1, 7-41.

[5] Ahern, K. R. (2008). The returns to repeat acquirers. Working Paper.

[6] Ahuja, G., & Katila, R. (2001). Technological acquisitions and the innovation performance of acquiring firms: A longitudinal study. Strategic Management Journal, 22 (3), 197-220.

[7] Akbulut, M. E., & Matsusaka, J. G. (2010). 50+ years of diversification announcements. Financial Review, 45 (2), 231-262.

[8] Aktas, N., De Bodt, E., & Roll, R. (2009). Learning, hubris and corporate serial acquisitions. Journal of Corporate Finance, 15 (5), 543-561.

[9] Aktas, N., De Bodt, E., & Roll, R. (2011). Serial acquirer bidding: An empirical test of the learning hypothesis. Journal of Corporate Finance, 17 (1), 18-32.

[10] Ali, A., Li, N., & Zhang, W. (2015). Managers' career concerns

and asymmetric disclosure of bad versus good news. SSRN eLibrary.

[11] Ambrose, B. W., & Megginson, W. L. (1992). The role of asset structure, ownership structure, and takeover defenses in determining acquisition likelihood. Journal of Financial and Quantitative Analysis, 27 (4), 575-589.

[12] Amihud, Y., Lev, B., & Travlos, N. G. (1990). Corporate control and the choice of investment financing: The case of corporate acquisitions. The Journal of Finance, 45 (2), 603-616.

[13] Arrow, K. J. (1975). Vertical integration and communication. The Bell Journal of Economics, 173-183.

[14] Asquith, P., Bruner, R. F., & Mullins Jr, D. W. (1983). The gains to bidding firms from merger. Journal of Financial Economics, 11 (1-4), 121-139.

[15] Ayers, B. C., Lefanowicz, C. E., & Robinson, J. R. (2003). Shareholder taxes in acquisition premiums: The effect of capital gains taxation. The Journal of Finance, 58 (6), 2783-2801.

[16] Baik, B., Choi, S., & Farber, D. B. (2019). Managerial ability and income smoothing. The Accounting Review. In-Press.

[17] Baik, B. O. K., Farber, D. B., & Lee, S. A. M. (2011). CEO ability and management earnings forecasts. Contemporary Accounting Research, 28 (5), 1645-1668.

[18] Ball, S. (2009). The governance turn! . Journal of Education Policy, 24 (5), 537-538.

[19] Bamber, L. S., Jiang, J., & Wang, I. Y. (2010). What's my style? The influence of top managers on voluntary corporate financial disclosure. The Accounting Review, 85 (4), 1131-1162.

[20] Banerjee, A., & Eckard, E. W. (1998). Are mega-mergers anti-competitive? Evidence from the first great merger wave. The Rand Journal of Economics, 803-827.

[21] Bao, J., & Edmans, A. (2007). How should acquirers select advisors? Persistence in investment bank performance. European Finance Association, Ljubljana Meetings Paper.

[22] Barber, B. M., & Lyon, J. D. (1997). Detecting long-run abnormal stock returns: The empirical power and specification of test statistics. Journal of Financial Economics, 43 (3), 341-372.

[23] Bargeron, L., Schlingemann, F., Stulz, R. M., & Zutter, C. (2007). Why do private acquirers pay so little compared to public acquirers? (No. w13061). National Bureau of Economic Research.

[24] Bargeron, L. L., Lehn, K. M., & Zutter, C. J. (2010). Sarbanes-Oxley and corporate risk-taking. Journal of Accounting and Economics, 49 (1-2), 34-52.

[25] Beasley, M. S. (1996). An empirical analysis of the relation between the board of director composition and financial statement fraud. Accounting review, 443-465.

[26] Becker, G. (1964). Human capitol. New York: Columbia University Press.

[27] Berle, A. A., & Means, G. C. (1991). 1932. The modern corporation and private property.

[28] Bena, J., & Li, K. (2014). Corporate innovations and mergers and acquisitions. The Journal of Finance, 69 (5), 1923-1960.

[29] Beneish, M. D., & Vargus, M. E. (2002). Insider trading, earnings quality, and accrual mispricing. The Accounting Review, 77 (4), 755-791.

[30] Berkovitch, E., & Narayanan, M. P. (1990). Competition and the medium of exchange in takeovers. The Review of Financial Studies, 3 (2), 153-174.

[31] Bertrand, M., & Schoar, A. (2003). Managing with style: The

effect of managers on firm policies. The Quarterly Journal of Economics, 118 (4), 1169-1208.

[32] Betton, S., Eckbo, B. E., & Thorburn, K. S. (2008). Corporate takeovers. In Handbook of Empirical Corporate Finance, 291-429.

[33] Billett, M. T., & Qian, Y. (2008). Are overconfident CEOs born or made? Evidence of self-attribution bias from frequent acquirers. Management Science, 54 (6), 1037-1051.

[34] Bleck, A., & Liu, X. (2007). Market transparency and the accounting regime. Journal of Accounting Research, 45 (2), 229-256.

[35] Blonigen, B. A., & Taylor, C. T. (2000). R&D intensity and acquisitions in high-technology industries: evidence from the US electronic and electrical equipment industries. The Journal of Industrial Economics, 48 (1), 47-70.

[36] Boone, A. L., & Mulherin, J. H. (2007). How are firms sold? . The Journal of Finance, 62 (2), 847-875.

[37] Bradley, M., & Sundaram, A. K. (2006). Acquisitions and performance: a re-assessment of the evidence. Available at SSRN 592761.

[38] Bradley, M., Desai, A., & Kim, E. H. (1988). Synergistic gains from corporate acquisitions and their division between the stockholders of target and acquiring firms. Journal of Financial Economics, 21 (1), 3-40.

[39] Brickley, J. A., Lease, R. C., & Smith Jr, C. W. (1988). Ownership structure and voting on antitakeover amendments. Journal of Financial Economics, 20, 267-291.

[40] Bruner, R. F. (2002). Does M&A pay? A survey of evidence for the decision-maker. Journal of Applied Finance, 12 (1), 48-68.

[41] Burks, J. J. (2010). Disciplinary measures in response to restatements after Sarbanes - Oxley. Journal of Accounting and Public Policy, 29 (3), 195-225.

[42] Burns, N., & Kedia, S. (2006). The impact of performance-based compensation on misreporting. Journal of Financial Economics, 79 (1), 35-67.

[43] Callen, J. L., & Fang, X. (2015). Religion and stock price crash risk. Journal of Financial and Quantitative Analysis, 50 (1-2), 169-195.

[44] Callen, J. L., & Fang, X. (2017). Crash risk and the auditor - client relationship. Contemporary Accounting Research, 34 (3), 1715-1750.

[45] Capron, L. (1999). The long-term performance of horizontal acquisitions. Strategic Management Journal, 20 (11), 987-1018.

[46] Capron, L., & Mitchell, W. (1998). Bilateral resource redeployment and capabilities improvement following horizontal acquisitions. Industrial and Corporate Change, 7 (3), 453-484.

[47] Capron, L., & Pistre, N. (2002). When do acquirers earn abnormal returns? . Strategic Management Journal, 23 (9), 781-794.

[48] Carleton, W. T., Guilkey, D. K., Harris, R. S., & Stewart, J. F. (1983). An empirical analysis of the role of the medium of exchange in mergers. The Journal of Finance, 38 (3), 813-826.

[49] Carow, K., Heron, R., & Saxton, T. (2004). Do early birds get the returns? An empirical investigation of early-mover advantages in acquisitions. Strategic Management Journal, 25 (6), 563-585.

[50] Cartwright, S., & Schoenberg, R. (2006). Thirty years of mergers and acquisitions research: Recent advances and future opportunities. British Journal of Management, 17 (S1), S1-S5.

[51] Cassiman, B., & Veugelers, R. (2006). In search of complementarity in innovation strategy: Internal R&D and external knowledge acquisition. Management Science, 52 (1), 68-82.

[52] Castanias, R. P., & Helfat, C. E. (1991). Managerial resources and rents. Journal of Management, 17 (1), 155-171.

[53] Castanias, R. P., & Helfat, C. E. (2001). The managerial rents model: Theory and empirical analysis. Journal of Management, 27 (6), 661-678.

[54] Certo, S. T., Lester, R. H., Dalton, C. M., & Dalton, D. R. (2006). Top management teams, strategy and financial performance: A meta-analytic examination. Journal of Management Studies, 43 (4), 813-839.

[55] Chan, L. K., Lakonishok, J., & Sougiannis, T. (2001). The stock market valuation of research and development expenditures. The Journal of Finance, 56 (6), 2431-2456.

[56] Chang, C., Chen, X., & Liao, G. (2014). What are the reliably important determinants of capital structure in China?. Pacific-Basin Finance Journal, 30, 87-113.

[57] Chang, Y. Y., Dasgupta, S., & Hilary, G. (2010). CEO ability, pay, and firm performance. Management Science, 56 (10), 1633-1652.

[58] Chau, G., & Gray, S. J. (2010). Family ownership, board independence and voluntary disclosure: Evidence from Hong Kong. Journal of International Accounting, Auditing and Taxation, 19 (2), 93-109.

[59] Chemmanur, T. J., Paeglis, I., & Simonyan, K. (2009). The medium of exchange in acquisitions: Does the private information of both acquirer and target matter?. Journal of Corporate Finance, 15 (5), 523-542.

[60] Chen, J., Hong, H., & Stein, J. C. (2001). Forecasting crashes: Trading volume, past returns, and conditional skewness in stock prices. Journal of Financial Economics, 61 (3), 345-381.

[61] Chen, Y., Podolski, E. J., & Veeraraghavan, M. (2015). Does managerial ability facilitate corporate innovative success?. Journal of Empirical Finance, 34, 313-326.

[62] Chen, Y., Xie, Y., You, H., & Zhang, Y. (2018). Does crackdown on corruption reduce stock price crash risk? Evidence from China. Journal

of Corporate Finance, 51, 125-141.

[63] Cheng, Q., & Warfield, T. D. (2005). Equity incentives and earnings management. The Accounting Review, 80 (2), 441-476.

[64] Chiarella, C., Gatti, S., Di Giuli, C. A., & Pellizzari, M. (2013). How much to pay, and how, for opacity? Negotiating premiums and method of payment in M&A. Working paper.

[65] Chikh, S., & Filbien, J. Y. (2011). Acquisitions and CEO power: Evidence from French networks. Journal of Corporate Finance, 17 (5), 1221-1236.

[66] Chung, R., Firth, M., & Kim, J. B. (2002). Institutional monitoring and opportunistic earnings management. Journal of Corporate Finance, 8 (1), 29-48.

[67] Coff, R. W. (1999). When competitive advantage doesn't lead to performance: The resource-based view and stakeholder bargaining power. Organization Science, 10 (2), 119-133.

[68] Cohen, L., & Lou, D. (2012). Complicated firms. Journal of Financial Economics, 104 (2), 383-400.

[69] Coles, J. L., Daniel, N. D., & Naveen, L. (2006). Managerial incentives and risk-taking. Journal of Financial Economics, 79 (2), 431-468.

[70] Conn, R. L., Cosh, A., Guest, P. M., & Hughes, A. (2005). The impact on UK acquirers of domestic, cross-border, public and private acquisitions. Journal of Business Finance & Accounting, 32 (5-6), 815-870.

[71] Croci, E., & Petmezas, D. (2009). Why do managers make serial acquisitions? An investigation of performance predictability in serial acquisitions. An Investigation of Performance Predictability in Serial Acquisitions (April 2009).

[72] Cooper, M. J., Gulen, H., & Schill, M. J. (2008). Asset growth and the cross-section of stock returns. The Journal of Finance, 63 (4),

1609–1651.

[73] Datta, S., Iskandar-Datta, M., & Raman, K. (2005). Executive compensation structure and corporate equity financing decisions. The Journal of Business, 78 (5), 1859–1890.

[74] Dechow, P. M., & Sloan, R. G. (1991). Executive incentives and the horizon problem: An empirical investigation. Journal of Accounting and Economics, 14 (1), 51–89.

[75] DeFond, M. L., Hung, M., Li, S., & Li, Y. (2014). Does mandatory IFRS adoption affect crash risk? . The Accounting Review, 90 (1), 265–299.

[76] de Franco, M. A. E., de Carvalho, C. B., Bonetto, M. M., de Pelegrini Soares, R., & Féris, L. A. (2017). Removal of amoxicillin from water by adsorption onto activated carbon in batch process and fixed bed column: Kinetics, isotherms, experimental design and breakthrough curves modelling. Journal of Cleaner Production, 161, 947–956.

[77] DeFusco, R. A., Zorn, T. S., & Johnson, R. R. (1991). The association between executive stock option plan changes and managerial decision making. Financial Management, 36–43.

[78] Demerjian, P., Lev, B., & McVay, S. (2012). Quantifying managerial ability: A new measure and validity tests. Management Science, 58 (7), 1229–1248.

[79] Demerjian, P. R., Lev, B., Lewis, M. F., & McVay, S. E. (2013). Managerial ability and earnings quality. The Accounting Review, 88 (2), 463–498.

[80] DePamphilis, D., 2012. Mergers, acquisitions, and other restructuring activities: An integrated approach to process, tools, cases, and solutions. Academic Press.

[81] Dong, M., Hirshleifer, D., Richardson, S., & Teoh, S. H.

(2006). Does investor misvaluation drive the takeover market? . The Journal of Finance, 61 (2), 725-762.

[82] Eckbo, B. E. (1983). Horizontal mergers, collusion, and stockholder wealth. Journal of Financial Economics, 11 (1-4), 241-273.

[83] Eckbo, B. E., & Thorburn, K. S. (2000). Gains to bidder firms revisited: Domestic and foreign acquisitions in Canada. Journal of Financial and Quantitative Analysis, 35 (1), 1-25.

[84] Eckbo, B. E. (2009). Bidding strategies and takeover premiums: A review. Journal of Corporate Finance, 15 (1), 149-178.

[85] Eisenhardt, K. M. (1989). Making fast strategic decisions in high-velocity environments. Academy of Management Journal, 32 (3), 543-576.

[86] Eisfeldt, A. L., & Papanikolaou, D. (2013). Organization capital and the cross-section of expected returns. The Journal of Finance, 68 (4), 1365-1406.

[87] Faccio, M., & Masulis, R. W. (2005). The choice of payment method in European mergers and acquisitions. The Journal of Finance, 60 (3), 1345-1388.

[88] Fama, E. F. (1980). Agency problems and the theory of the firm. Journal of Political Economy, 88 (2), 288-307.

[89] Fama, E. F. (1998). Market efficiency, long-term returns, and behavioral finance. Journal of Financial Economics, 49 (3), 283-306.

[90] Fama, E. F., & Jensen, M. C. (1983). Separation of ownership and control. The Journal of Law and Economics, 26 (2), 301-325.

[91] Fama, E. F., & French, K. R. (1997). Industry costs of equity. Journal of Financial Economics, 43 (2), 153-193.

[92] Fama, E. F., & French, K. R. (1992). The cross-section of expected stock returns. The Journal of Finance, 47 (2), 427-465.

[93] Fee, C. E., & Hadlock, C. J. (2003). Raids, rewards, and repu-

tations in the market for managerial talent. The Review of Financial Studies, 16 (4), 1315-1357.

[94] Fowler, K. L., & Schmidt, D. R. (1989). Determinants of tender offer post-acquisition financial performance. Strategic Management Journal, 10 (4), 339-350.

[95] Francis, J., LaFond, R., Olsson, P. M., & Schipper, K. (2004). Costs of equity and earnings attributes. The Accounting Review, 79 (4), 967-1010.

[96] Francis, J., Huang, A. H., Rajgopal, S., & Zang, A. Y. (2008). CEO reputation and earnings quality. Contemporary Accounting Research, 25 (1), 109-147.

[97] Franks, J. R., & Torous, W. N. (1989). An empirical investigation of US firms in reorganization. The Journal of Finance, 44 (3), 747-769.

[98] Fuller, K., Netter, J., & Stegemoller, M. (2002). What do returns to acquiring firms tell us? Evidence from firms that make many acquisitions. The Journal of Finance, 57 (4), 1763-1793.

[99] Gaur, A. S., Malhotra, S., & Zhu, P. (2013). Acquisition announcements and stock market valuations of acquiring firms' rivals: A test of the growth probability hypothesis in China. Strategic Management Journal, 34 (2), 215-232.

[100] Ge, W., Matsumoto, D., & Zhang, J. L. (2011). Do CFOs have style? An empirical investigation of the effect of individual CFOs on accounting practices. Contemporary Accounting Research, 28 (4), 1141-1179.

[101] Ghosh, A. (2001). Does operating performance really improve following corporate acquisitions? . Journal of Corporate Finance, 7 (2), 151-178.

[101] Gibbons, R., & Murphy, K. J. (1992). Optimal incentive con-

tracts in the presence of career concerns: Theory and evidence. Journal of Political Economy, 100 (3), 468-505.

[102] Goldman, E., Rocholl, J., & So, J. (2013). Politically connected boards of directors and the allocation of procurement contracts. Review of Finance, 17 (5), 1617-1648.

[103] Goodman, T. H., Neamtiu, M., Shroff, N., & White, H. D. (2013). Management forecast quality and capital investment decisions. The Accounting Review, 89 (1), 331-365.

[104] Gort. M. (1969). An economic disturbance theory of mergers. Quarterly Journal of Economics, 83 (4), 624-642.

[105] Graham, D. J., Rice, S. P., & Reid, I. (2005). A transferable method for the automated grain sizing of river gravels. Water Resources Research, 41 (7).

[106] Guan, J. X., Li, O. Z., & Ma, J. (2018). Managerial ability and the shareholder tax sensitivity of dividends. Journal of Financial and Quantitative Analysis, 53 (1), 335-364.

[107] Haleblian, J. J., Pfarrer, M. D., & Kiley, J. T. (2017). High-reputation firms and their differential acquisition behaviors. Strategic Management Journal, 38 (11), 2237-2254.

[108] Hambrick, D. C., & Mason, P. A. (1984). Upper echelons: The organization as a reflection of its top managers. Academy of Management Review, 9 (2), 193-206.

[109] Hansen, R. G. (1987). A theory for the choice of exchange medium in mergers and acquisitions. Journal of Business, 75-95.

[110] Harding, D., & Rovit, S. (2004). Building deals on bedrock. Harvard Business Review, 82 (9), 121-8.

[111] Harford, J. (2005). What drives merger waves? . Journal of Financial Economics, 77 (3), 529-560.

[112] Harford, J., & Li, K. (2007). Decoupling CEO wealth and firm performance: The case of acquiring CEOs. The Journal of Finance, 62 (2), 917-949.

[113] Hayes, R. M., & Schaefer, S. (1999). How much are differences in managerial ability worth? . Journal of Accounting and Economics, 27 (2), 125-148.

[114] Healy, P. M., Palepu, K. G., & Ruback, R. S. (1992). Does corporate performance improve after mergers? . Journal of Financial Economics, 31 (2), 135-175.

[115] Heckman, J. J. (1979). Sample selection bias as a specification error. Econometrica: Journal of the Econometric Society, 153-161.

[116] Hermalin, B. E., & Weisbach, M. S. (2007). Transparency and Corporate Governance (No. 12875). National Bureau of Economic Research, Inc.

[117] Hirshleifer, D., Low, A., & Teoh, S. H. (2012). Are overconfident CEOs better innovators? . The Journal of Finance, 67 (4), 1457-1498.

[118] Hitt, M. A., Harrison, J. S., & Ireland, R. D. (2001). Mergers & acquisitions: A guide to creating value for stakeholders. Oxford University Press.

[119] Hitt, M. a., Ireland, R. D., Hoskisson, R., 2007. Strategic Management Cases: Competitiveness and Globalization.

[120] Hoberg, G., & Phillips, G. (2010). Product market synergies and competition in mergers and acquisitions: A text-based analysis. The Review of Financial Studies, 23 (10), 3773-3811.

[121] Holcomb, T. R., Holmes Jr, R. M., & Connelly, B. L. (2009). Making the most of what you have: Managerial ability as a source of resource value creation. Strategic Management Journal, 30 (5), 457-485.

[122] Holthausen, R. W., & Larcker, D. F. (1996). The financial per-

formance of reverse leveraged buyouts. Journal of Financial Economics, 42 (3), 293-332.

[123] Hong, H. A., KIM, J. B., & Welker, M. (2017). Divergence of cash flow and voting rights, opacity, and stock price crash risk: International evidence. Journal of Accounting Research, 55 (5), 1167-1212.

[124] Hoskisson, R. E., & Busenitz, L. W. (2002). Market uncertainty and learning distance in corporate entrepreneurship entry mode choice. Strategic Entrepreneurship: Creating a New Mindset, 151, 172.

[125] Huang, Q., Jiang, F., Lie, E., & Yang, K. (2014). The role of investment banker directors in M&A. Journal of Financial Economics, 112 (2), 269-286.

[126] Huang, X. S., & Sun, L. (2017). Managerial ability and real earnings management. Advances in Accounting, 39, 91-104.

[127] Hutton, A. P., Marcus, A. J., & Tehranian, H. (2009). Opaque financial reports, R2, and crash risk. Journal of Financial Economics, 94 (1), 67-86.

[128] Ikenberry, D., Lakonishok, J., & Vermaelen, T. (1995). Market underreaction to open market share repurchases. Journal of Financial Economics, 39 (2-3), 181-208.

[129] İmrohoroğlu, A., & Tüzel, Ş. (2014). Firm-level productivity, risk, and return. Management Science, 60 (8), 2073-2090.

[130] Ismail, A. (2008). Which acquirers gain more, single or multiple? Recent evidence from the USA market. Global Finance Journal, 19 (1), 72-84.

[131] Jarrell, G. A., Brickley, J. A., & Netter, J. M. (1988). The market for corporate control: The empirical evidence since 1980. Journal of Economic Perspectives, 2 (1), 49-68.

[132] Jarrell, G. A., & Poulsen, A. B. (1989). The returns to

acquiring firms in tender offers: Evidence from three decades. Financial Management, 18 (3), 12.

[133] Jemison, D. B., & Sitkin, S. B. (1986). Corporate acquisitions: A process perspective. Academy of Management Review, 11 (1), 145-163.

[134] Jensen, M. C. (1993). The modern industrial revolution, exit, and the failure of internal control systems. the Journal of Finance, 48 (3), 831-880.

[135] Jensen, M., & Meckling, W (1976). Theory of the Firm: Management Behavior, Agency Costs and Ownership Structure'. Journal of Law and Economics, 3, 305.

[136] Jensen, M. C., Ruback, R. S., (1983). The market for corporate control. Journal of Financial Economics 11, 5-50.

[137] Jia, N. (2018). Corporate innovation strategy and stock price crash risk. Journal of Corporate Finance, 53, 155-173.

[138] Jin, L., & Myers, S. C. (2006). R2 around the world: New theory and new tests. Journal of Financial Economics, 79 (2), 257-292.

[139] Kravet, T. D., Myers, L. A., Sanchez, J. M., & Scholz, S. (2015). Do Financial Statement Misstatements Facilitate Corporate Acquisitions? . Available at SSRN 2029953.

[140] Kim, J. Y., & Finkelstein, S. (2009). The effects of strategic and market complementarity on acquisition performance: Evidence from the US commercial banking industry, 1989—2001. Strategic Management Journal, 30 (6), 617-646.

[141] Kim, J. B., Li, Y., & Zhang, L. (2011a). Corporate tax avoidance and stock price crash risk: Firm-level analysis. Journal of Financial Economics, 100 (3), 639-662.

[142] Kim, J. B., Li, Y., & Zhang, L. (2011). CFOs versus CEOs: Equity incentives and crashes. Journal of Financial Economics, 101 (3),

713-730.

[143] Kim, J. B., Luo, L., & Xie, H. (2018a). Do dividend payments mitigate stock price crash risk through curbing bad news hoarding and curtailing overinvestments. Working Paper.

[144] Kim, J. B., & Zhang, L. (2016). Accounting conservatism and stock price crash risk: Firm-level evidence. Contemporary Accounting Research, 33 (1), 412-441.

[145] Kim, C., Wang, K., & Zhang, L. (2018b). Readability of 10-K reports and stock price crash risk. Contemporary Accounting Research.

[146] Kim, O. (1999). Discussion of the role of the manager's human capital in discretionary disclosure. Journal of Accounting Research, 37, 183-185.

[147] Kim, E. H., & Singal, V. (1993). Mergers and market power: Evidence from the airline industry. The American Economic Review, 549-569.

[148] King, D. R., Dalton, D. R., Daily, C. M., & Covin, J. G. (2004). Meta-analyses of post-acquisition performance: Indications of unidentified moderators. Strategic Management Journal, 25 (2), 187-200.

[149] King, D. R., Covin, J. G., & Hegarty, W. H. (2003). Complementary resources and the exploitation of technological innovations. Journal of Management, 29 (4), 589-606.

[150] Kini, O., Kracaw, W., & Mian, S. (2004). The nature of discipline by corporate takeovers. The Journal of Finance, 59 (4), 1511-1552.

[151] Klasa, S., & Stegemoller, M. (2007). Takeover activity as a response to time-varying changes in investment opportunity sets: Evidence from takeover sequences. Financial Management, 36 (2), 1-25.

[152] Koester, A., Shevlin, T., & Wangerin, D. (2016). The role of managerial ability in corporate tax avoidance. Management Science, 63 (10), 3285-3310.

[153] Kolasinski, A. C., & Li, X. (2013). Can strong boards and trading their own firm's stock help CEOs make better decisions? Evidence from acquisitions by overconfident CEOs. Journal of Financial and Quantitative Analysis, 48 (4), 1173-1206.

[154] Kolb, D. A. (2014). Experiential learning: Experience as the source of learning and development. FT press.

[155] Kor, Y. Y., & Mesko, A. (2013). Dynamic managerial capabilities: Configuration and orchestration of top executives' capabilities and the firm's dominant logic. Strategic Management Journal, 34 (2), 233-244.

[156] Kothari, S. P., Shu, S., & Wysocki, P. D. (2009). Do managers withhold bad news? . Journal of Accounting Research, 47 (1), 241-276.

[157] Kravet, T. D., Myers, L. A., Sanchez, J. M., & Scholz, S. (2015). Do Financial Statement Misstatements Facilitate Corporate Acquisitions? . Available at SSRN 2029953.

[158] Kumar, M. S. (1985). Growth, acquisition activity and firm size: evidence from the United Kingdom. The Journal of Industrial Economics, 327-338.

[159] LaFond, R., & Watts, R. L. (2008). The information role of conservatism. The Accounting Review, 83 (2), 447-478.

[160] Lambe, C. J., & Spekman, R. E. (1997). Alliances, external technology acquisition, and discontinuous technological change. Journal of Product Innovation Management: An International Publication of The Product Development & Management Association, 14 (2), 102-116.

[161] Lang, L. H., Stulz, R., & Walkling, R. A. (1989). Managerial performance, Tobin's Q, and the gains from successful tender offers. Journal of financial Economics, 24 (1), 137-154.

[162] Lang, L. H., Stulz, R., & Walkling, R. A. (1991). A test of

the free cash flow hypothesis: The case of bidder returns. Journal of Financial Economics, 29 (2), 315-335.

[163] Langetieg, T. C. (1978). An application of a three-factor performance index to measure stockholder gains from merger. Journal of Financial Economics, 6 (4), 365-383.

[164] Lee, C. C., Wang, C. W., Chiu, W. C., & Tien, T. S. (2018). Managerial ability and corporate investment opportunity. International Review of Financial Analysis, 57, 65-76.

[165] Lev, B., & Radhakrishnan, S. (2005). The valuation of organization capital. In Measuring capital in the new economy (pp. 73-110). University of Chicago Press.

[166] Lev, B., Radhakrishnan, S., & Zhang, W. (2009). Organization capital. Abacus, 45 (3), 275-298.

[167] Leverty, J. T., & Grace, M. F. (2012). Dupes or incompetents? An examination of management's impact on firm distress. Journal of Risk and Insurance, 79 (3), 751-783.

[168] Levi, M., Li, K., & Zhang, F. (2010). Deal or no deal: Hormones and the mergers and acquisitions game. Management Science, 56 (9), 1462-1483.

[169] Li, K., Qiu, B., & Shen, R. (2018). Organization capital and mergers and acquisitions. Journal of Financial and Quantitative Analysis, 53 (4), 1871-1909.

[170] Lin, T., & Chang, M. (2014). Impact of an independent director system on a board of directors and the system's relation to corporate performance: Case study of listed companies in Taiwan. Investment Management and Financial Innovations, 11 (1), 56-69.

[171] Loderer, C., & Martin, K. (1990). Corporate acquisitions by listed firms: The experience of a comprehensive sample. Financial Management,

17-33.

[172] Loughran, T., & Vijh, A. M. (1997). Do long-term shareholders benefit from corporate acquisitions?. The Journal of Finance, 52 (5), 1765-1790.

[173] Magenheim, E., & Mueller, D. C. (1988). On measuring the effect of mergers on acquiring firm shareholders. Knights, Raiders and Targets: the impact of the hostile takeover, Oxford University Press, New York and Oxford, 171-193.

[174] Makri, M., Hitt, M. A., & Lane, P. J. (2010). Complementary technologies, knowledge relatedness, and invention outcomes in high technology mergers and acquisitions. Strategic Management Journal, 31 (6), 602-628.

[175] Maksimovic, V., & Phillips, G. (2001). The market for corporate assets: Who engages in mergers and asset sales and are there efficiency gains?. The Journal of Finance, 56 (6), 2019-2065.

[176] Maksimovic, V., & Phillips, G. (2002). Do conglomerate firms allocate resources inefficiently across industries? Theory and evidence. The Journal of Finance, 57 (2), 721-767.

[177] Malmendier, U., & Tate, G. (2005). CEO overconfidence and corporate investment. The Journal of Finance, 60 (6), 2661-2700.

[178] Marshall, A. (1961). Principles of economics: An introductory volume. London: Macmillan.

[179] Margsiri, W., Mello, A. S., & Ruckes, M. E. (2008). A dynamic analysis of growth via acquisition. Review of Finance, 12 (4), 635-671.

[180] McGrath, R. G. (1999). Falling forward: Real options reasoning and entrepreneurial failure. Academy of Management Review, 24 (1), 13-30.

[181] McGrath, R. G., & MacMillan, I. C. (2000). Assessing technology projects using real options reasoning. Research-Technology Management, 43 (4), 35-49.

[182] McNichols, M. F., & Stubben, S. R. (2009). The role of target firms' accounting information in acquisitions. Working Paper, Stanford University.

[183] Megginson, W. L., Morgan, A., & Nail, L. (2004). The determinants of positive long-term performance in strategic mergers: Corporate focus and cash. Journal of Banking & Finance, 28 (3), 523-552.

[184] Milbourn, T. T. (2003). CEO reputation and stock-based compensation. Journal of Financial Economics, 68 (2), 233-262.

[185] Mishra, D. R. (2014). The dark side of CEO ability: CEO general managerial skills and cost of equity capital. Journal of Corporate Finance, 29, 390-409.

[186] Mitchell, M., Pulvino, T., & Stafford, E. (2004). Price pressure around mergers. The Journal of Finance, 59 (1), 31-63.

[187] Mitchell, M. L., & Mulherin, J. H. (1996). The impact of industry shocks on takeover and restructuring activity. Journal of Financial Economics, 41 (2), 193-229.

[188] Moatti, V., Ren, C. R., Anand, J., & Dussauge, P. (2015). Disentangling the performance effects of efficiency and bargaining power in horizontal growth strategies: An empirical investigation in the global retail industry. Strategic Management Journal, 36 (5), 745-757.

[189] Moeller, S. B., Schlingemann, F. P., & Stulz, R. M. (2004). Firm size and the gains from acquisitions. Journal of Financial Economics, 73 (2), 201-228.

[190] Moeller, S. B., Schlingemann, F. P., & Stulz, R. M. (2005). Wealth destruction on a massive scale? A study of acquiring-firm returns in the recent merger wave. The Journal of Finance, 60 (2), 757-782.

[191] Morck, R., Shleifer, A., & Vishny, R. W. (1990). Do managerial objectives drive bad acquisitions? . The Journal of Finance, 45 (1), 31-48.

[192] Myers, S. C., & Majluf, N. S. (1984). Corporate financing and investment decisions when firms have information that investors do not have. Journal of Financial Economics, 13 (2), 187-221.

[193] Mukherjee, T. K., Kiymaz, H., & Baker, H. K. (2004). Merger motives and target valuation: A survey of evidence from CFOs. Journal of Applied Finance, 14 (2).

[194] Nagar, V. (1999). The role of the manager's human capital in discretionary disclosure. Journal of Accounting Research, 37, 167-181.

[195] Nayyar, P. R. (1993). Stock market reactions to related diversification moves by service firms seeking benefits from information asymmetry and economies of scope. Strategic Management Journal, 14 (8), 569-591.

[196] Olga Tarabrina, 2015. http: /www. dealogic. com/media/market-insights/ma-statshot.

[197] Ozmel, U., Reuer, J. J., & Wu, C. W. (2017). Interorganizational Imitation and Acquisitions of High-tech Ventures. Strategic Management Journal, 38 (13), 2647-2665.

[198] Pablo, A. L. (1994). Determinants of acquisition integration level: A decision-making perspective. Academy of Management Journal, 37 (4), 803-836.

[199] Park, K. (2003). CEO leadership, motivation, and mobility in large mergers and acquisitions. Proceeding of the IASTED International Conference on Alliances, Mergers, and Acquisitions, Canada.

[200] Palepu, K. G. (1986). Predicting takeover targets: A methodological and empirical analysis. Journal of Accounting and Economics, 8 (1), 3-35.

[201] Park, K. (2003). CEO leadership, motivation, and mobility in large mergers and acquisitions. In Proceeding of the IASTED International Conference on Alliances, Mergers, and Acquisitions, Canada.

[202] Parrino, J. D. , & Harris, R. S. (1999). Takeovers, management replacement, and post-acquisition operating performance: some evidence from the 1980s. Journal of Applied Corporate Finance, 11 (4), 88-96.

[203] Parrino, J. D. , & Harris, R. S. (2001). Business linkages and post-merger operating performance. Working Paper, Charlottesville VA: Darden Graduate School of Business, University of Virginia.

[204] Phillips, G. M. , & Zhdanov, A. (2013). R&D and the Incentives from Merger and Acquisition Activity. The Review of Financial Studies, 26 (1), 34-78.

[205] Prager, R. A. (1992). The effects of horizontal mergers on competition: The case of the Northern Securities Company. The RAND Journal of Economics, 123-133.

Prescott, E. C. , & Visscher, M. (1980). Organization capital. Journal of-Political Economy, 88 (3), 446-461.

[206] Puranam, P. , Singh, H. , & Zollo, M. (2003). A bird in the hand or two in the bush?: Integration trade-offs in technology-grafting acquisitions. European Management Journal, 21 (2), 179-184.

[207] Puranam, P. , & Srikanth, K. (2007). What they know vs. what they do: How acquirers leverage technology acquisitions. Strategic Management Journal, 28 (8), 805-825.

[208] Rajgopal, S. , Shevlin, T. , & Zamora, V. (2006). CEOs' outside employment opportunities and the lack of relative performance evaluation in compensation contracts. The Journal of Finance, 61 (4), 1813-1844.

[209] Raman, K. , Shivakumar, L. , & Tamayo, A. (2013). Target's earnings quality and bidders' takeover decisions. Review of Accounting Studies, 18 (4), 1050-1087.

[210] Rhodes-Kropf, M. , & Robinson, D. T. (2008). The market for mergers and the boundaries of the firm. The Journal of Finance, 63 (3),

1169-1211.

[211] Roberts, E. B., & Berry, C. A. (1984). Entering new businesses: selecting strategies for success.

[212] Roberts, M. R., & Whited, T. M. (2013). Endogeneity in empirical corporate finance1. In Handbook of the Economics of Finance (Vol. 2, pp. 493-572). Elsevier.

[213] Robert C Higgins, & Lawrence D Schall. (1975). Corporate bankruptcy and conglomerate merger. The Journal of Finance, 30 (1), 93-113.

[214] Roll, R. (1986). The hubris hypothesis of corporate takeovers. Journal of Business, 197-216.

[215] Roussanov, N., & Savor, P. (2014). Marriage and managers' attitudes to risk. Management Science, 60 (10), 2496-2508.

[216] Savor, P. G., & Lu, Q. (2009). Do stock mergers create value for acquirers? . The Journal of Finance, 64 (3), 1061-1097.

[217] Schmidt, D. R., & Fowler, K. L. (1990). Post-acquisition financial performance and executive compensation. Strategic Management Journal, 11 (7), 559-569.

[218] Schwert, G. W. (2000). Hostility in takeovers: in the eyes of the beholder? . The Journal of Finance, 55 (6), 2599-2640.

[219] Servaes, H. (1991). Tobin's Q and the Gains from Takeovers. The Journal of Finance, 46 (1), 409-419.

[220] Sevilir, M., & Tian, X. (2012, May). Acquiring innovation. In AFA 2012 Chicago Meetings Paper.

[221] Shleifer, A., & Vishny, R. W. (1989). Management entrenchment: The case of manager - specific investments. Journal of Financial Economics, 25 (1), 123-139.

[222] Shleifer, A., & Vishny, R. W. (1997). A survey of corporate governance. The Journal of Finance, 52 (2), 737-783.

[223] Shleifer, A., & Vishny, R. W. (2003). Stock market driven acquisitions. Journal of Financial Economics, 70 (3), 295-311.

[224] Singh, H., & Montgomery, C. A. (1987). Corporate acquisition strategies and economic performance. Strategic Management Journal, 8 (4), 377-386.

[225] Sitkin, S. B., Pablo, A. L. (2004). The neglected importance of leadership in mergers and acquisitions. In: Stahi, G. K., Mendenhall, M. (Eds.), Mergers and Acquisitions: Managing Culture and Human Resources. Stanford University Press.

[226] Singh, H., & Montgomery, C. A. (1987). Corporate acquisition strategies and economic performance. Strategic Management Journal, 8 (4), 377-386.

[227] Sheen, A. (2014). The real product market impact of mergers. The Journal of Finance, 69 (6), 2651-2688.

[228] Stigler, G. J. (1964). A theory of oligopoly. Journal of Political Economy, 72 (1), 44-61.

[229] Tervio, M. (2008). The difference that CEOs make: An assignment model approach. American Economic Review, 98 (3), 642-68.

[230] Tronconi, C., & Marzetti, G. V. (2011). Organization capital and firm performance. Empirical evidence for European firms. Economics Letters, 112 (2), 141-143.

[231] Trottman, M., 1998, AccuStafF's Profits to Beat Estimates, Says President. Wall Street Journal, April 3, 1998.

[232] Tuch, C., & O'Sullivan, N. (2007). The impact of acquisitions on firm performance: A review of the evidence. International Journal of Management Reviews, 9 (2), 141-170.

[233] Uhlenbruck, K., Hitt, M. A., & Semadeni, M. (2006). Market value effects of acquisitions involving Internet firms: A resource-based analysis.

Strategic Management Journal, 27 (10), 899-913.

[234] Vaara, E. (2002). On the discursive construction of success/failure in narratives of post-merger integration. Organization Studies, 23 (2), 211-248.

[235] Vasilaki, A., & O'Regan, N. (2008). Enhancing post-acquisition organisational performance: the role of the top management team. Team Performance Management: An International Journal, 14 (3/4), 134-145.

[236] Verrecchia, R. E. (2001). Essays on disclosure. Journal of Accounting and Economics, 32 (1-3), 97-180.

[237] Walters, B. A., Kroll, M. J., & Wright, P. (2007). CEO tenure, boards of directors, and acquisition performance. Journal of Business Research, 60 (4), 331-338.

[238] Weber, Y. (2000). Measuring cultural fit in mergers and acquisitions. N. M., Wilderom, C. and.

[239] Peterson, M. (Eds), Handbook of Organizational Culture and Climate, Sage Publications, London.

[240] Weston, J. F. (1977). Some Economic Fundamentals for an Analysis of Bankruptcy. Law and Contemporary Problems, 41 (4), 47-65.

[241] Williamson's. See Oliver Williamson, . (1975). Markets And Hierarchies: Analysis and Antitrust Implications: A Study In The Economics of Internal Organization.

[242] Xu, N., Li, X., Yuan, Q., & Chan, K. C. (2014). Excess perks and stock price crash risk: Evidence from China. Journal of Corporate Finance, 25, 419-434.

[243] Yuan, Y., Tian, G., Lu, L. Y., & Yu, Y. (2019). CEO ability and corporate social responsibility. Journal of Business Ethics, 157 (2), 391-411.

[244] Yung, K., & Chen, C. (2018). Managerial ability and firm risk-

taking behavior. Review of Quantitative Finance and Accounting, 51 (4), 1005-1032.

[245] 陈冬华，陈信元，万华林．(2005)．国有企业中的薪酬管制与在职消费．经济研究，2，92-101.

[246] 陈冬华，陈富生，沈永建，尤海峰．(2011)．高管继任，职工薪酬与隐性契约——基于中国上市公司的经验证据．经济研究，2，100-111.

[247] 陈仕华，卢昌崇，姜广省，王雅茹．(2015)．国企高管政治晋升对企业并购行为的影响——基于企业成长压力理论的实证研究．管理世界，9，125-136.

[248] 陈仕华，卢昌崇．(2013)．企业间高管联结与并购溢价决策——基于组织间模仿理论的实证研究．管理世界，5，144-156

[249] 陈文强，贾生华．(2015)．股权激励，代理成本与企业绩效——基于双重委托代理问题的分析框架．当代经济科学，37 (2)，106-113.

[250] 陈晓，王琨．(2005)．关联交易，公司治理与国有股改革．经济研究，4，77-86.

[251] 陈笑雪．(2009)．管理层股权激励对公司绩效影响的实证研究．经济管理，2，63-69.

[252] 程新生．(2004)．公司治理，内部控制，组织结构互动关系研究．会计研究，4，14-18.

[253] 董丽萍，张军．(2018)．管理层薪酬激励与盈余管理关系：基于大股东治理视角．中国流通经济，32 (12)，73-86.

[254] 冯根福，吴林江．(2001)．我国上市公司并购绩效的实证研究．经济研究，1，54-68.

[255] 傅颀，汪祥耀，路军．(2014)．管理层权力，高管薪酬变动与公司并购行为分析．会计研究，11，30-37.

[256] 高雷，张杰．(2008)．公司治理，机构投资者与盈余管理．会

计研究，9，64-72.

[257] 何威风，刘巍．(2015)．企业管理者能力与审计收费．会计研究，1，82-89.

[258] 何威风，刘巍．(2014)．管理者能力会影响资本结构动态调整吗？．会计论坛，2，21-38.

[259] 蒋艳辉，冯楚建．(2014)．MD&A 语言特征、管理层预期与未来财务业绩——来自中国创业板上市公司的经验证据．中国软科学，11，115-130.

[260] 姜付秀，张敏，陆正飞，等．(2009)．管理者过度自信、企业扩张与财务困境．经济研究，1，131-143.

[261] 姜付秀，伊志宏，苏飞，黄磊．(2009)．管理者背景特征与企业过度投资行为．管理世界，1，130-139.

[262] 李斌，孙月静．(2009)．经营者股权激励，约束水平与公司业绩——基于民营上市公司的实证分析．中国软科学，8，119-131.

[263] 李善民，陈文婷．(2010)．企业并购决策中管理者过度自信的实证研究．中山大学学报（社会科学版），50（5），192-201.

[264] 李善民，毛雅娟，赵晶晶．(2009)．高管持股，高管的私有收益与公司的并购行为．管理科学，6，2-12.

[265] 李维安，王世权．(2005)．中国上市公司监事会治理绩效评价与实证研究．南开管理评论，8（1），4-9.

[266] 李宇，张晨，王丽军．(2016)．企业技术并购与创新绩效的关系研究——技术差距的调节作用．科技管理研究，36（18），192-197.

[267] 李增泉．(2000)．激励机制与企业绩效：一项基于上市公司的实证研究．会计研究，1（1），24-30.

[268] 刘海建，陈传明．(2007)．企业组织资本，战略前瞻性与企业绩效：基于中国企业的实证研究．管理世界，5，83-93.

[269] 吕长江，严明珠，郑慧莲，许静静．(2011)．为什么上市公司选择股权激励计划？．会计研究，1，68-75.

[270] 吕长江，张海平．(2011)．股权激励计划对公司投资行为的影响．管理世界，11，126-134.

[271] 吕长江，郑慧莲，严明珠，许静静．(2009)．上市公司股权激励制度设计：是激励还是福利？．管理世界，9，133-147.

[272] 马宏乐．(2017)．组织资本的价值创造机理．全国流通经济，10，37-38.

[273] 潘前进，王君彩．(2015)．管理层能力与资本投资效率研究．中央财经大学学报，2，90-97.

[274] 邱强，郭俊华．(2010)．组织基本与企业绩效——理论分析与实证检验．上海：上海交通大学出版社．

[275] 任婷．(2019)．审计监督，公司内部治理与债务融资能力．财会通讯，9，10-14.

[276] 苏冬蔚，林大庞．(2010)．股权激励，盈余管理与公司治理．经济研究，11，88-100.

[277] 苏志文，吴先明．(2014)．基于并购的动态能力对企业技术创新的作用机制——多案例研究．技术经济，33 (1)，33-38.

[278] 唐国平，谢建，肖翰．(2014)．管理层能力与企业现金持有．会计论坛，2，3-20.

[279] 田高良，韩洁，李留闯．(2013)．连锁董事与并购绩效——来自中国A股上市公司的经验证据．南开管理评论，16 (6)，112-122.

[280] 王辉，臧日宏，李伟．(2016)．管理层股权激励对R&D与企业创新绩效影响的实证研究——基于制造业上市公司的面板数据．科技与经济，29 (1)，6-10.

[281] 汪璐，王丹舟．(2015)．股权激励研究前沿问题综述．财会通讯，5，56-58.

[282] 王双龙．(2006)．浅析组织资本对企业绩效的影响．财会月刊，10 (420)，53-54.

[283] 王曦．(2017)．机构投资者异质性与盈余管理．中国商论，3，

163-164.

［284］王烨，盛明泉．(2013)．管理层权力，机会主义动机与股权激励计划设计．中国会计学会2012年学术年会，273-274.

［285］王跃堂，赵子夜，魏晓雁．(2006)．董事会的独立性是否影响公司绩效？．经济研究，41（5），62-73.

［286］魏刚．(2000)．高级管理层激励与上市公司经营绩效．经济研究，3（12），32-39.

［287］吴文锋，吴冲锋，刘晓薇．(2008)．中国民营上市公司高管的政府背景与公司价值．经济研究，7，130-141.

［288］谢德仁，林乐．(2015)．管理层语调能预示公司未来业绩吗？——基于我国上市公司年度业绩说明会的文本分析．会计研究，2，20-27.

［289］许年行，罗炜．(2011)．高管政治升迁和公司过度投资行为．工作论文．

［290］薛爽，肖泽忠，潘妙丽．(2010)．管理层讨论与分析是否提供了有用信息？——基于亏损上市公司的实证探索．管理世界，5，130-140.

［291］薛祖云，黄彤．(2004)．董事会，监事会制度特征与会计信息质量——来自中国资本市场的经验分析．财经理论与实践，25（4），84-89.

［292］杨俊仙，周洁．组织资本、横截面收益和全要素生产率——来自中国上市公司的经验．中国管理科学（s1），429-434.

［293］杨瑞龙，王元，聂辉华．(2013)．“准官员”的晋升机制：来自中国央企的证据．管理世界，3，23-33.

［294］姚立杰，周颖．(2018)．管理层能力，创新水平与创新效率．会计研究，6，70-77.

［295］张敦力，阮爱萍．(2013)．股权激励，约束机制与业绩相关性——来自中国上市公司的经验证据．会计与经济研究，1，3-12.

［296］张铁铸，沙曼．(2014)．管理层能力，权力与在职消费研究．

南开管理评论，5，63-72.

［297］张维迎.（2014）. 市场与政府：中国改革的核心博弈. 西北大学出版社.

［298］郑志刚，李东旭，许荣，林仁韬，赵锡军.（2012）. 国企高管的政治晋升与形象工程——基于N省A公司的案例研究. 管理世界，10，146-156.

［299］周建波，孙菊生.（2003）. 经营者股权激励的治理效应研究. 经济研究，5，74-82+93.

重要术语索引

后　记

本书是在我的博士论文以及几篇已发表的期刊论文的基础上修改完成的。首先，我要感谢我的母校香港城市大学商学院会计系的培养。2011 年 9 月我本科毕业，只身到香港求学，第一次踏入香港城市大学的校园，感觉自己仿佛进入了又一城商场（香港的商场）的附属大学，从商场到校园无缝衔接。而进入香港城市大学的直博学习，有苦有甜。学院开放的态度、国际顶级研究学者的教育，使我不仅学习了大量的专业知识，还培养了我实事求是的价值观、严谨踏实的治学态度以及全球化的开放视野。

一路走来，有很多内心感激的人。首先，衷心感谢我的博士生导师梁志满（Dr. Sidney C. M. Leung）。梁老师是一个不仅教会我如何做学术，更是教会我如何生活的人。在五年的学习中，梁老师总是说："做学术是一个长期的过程，不要急功近利，要不断地向优秀的人学习。"他的培养理念使我能够完全独立地、试着以一个学者的身份完成我的毕业论文，而且在毕业论文写作的每个阶段，梁老师总给我受益匪浅的指导。在完成毕业论文每一稿的过程中，导师总是教导我："在毕业后，可能需要再工作五年甚至更长时间，才能慢慢地学会如何写一篇好的英文文章。"导师的谆谆教诲成为我现在工作中前进的目标与动力。由于语言的差异，我和梁老师一直用英语沟通交流，在每次的对话中，我都能认识到很多的不足与进步的空间。

我还想感谢在香港城市大学期间，培育我的各位任课老师，包括 Jeong-Bon Kim 教授、Chansog Kim 教授、Bin Srinidhi 教授等，他们的 seminar 课程，为我以后的研究之路奠定了坚实的基础。各位教授的课程资料，直到现在依然是我不断翻看、帮助我解决问题的宝典。同时，也非常感谢我在香港城市大学学习期间认识的所有同学，没有他们的帮助，不会有那些期刊论文的发表。

博士毕业之后，我加入了北京外国语大学国际商学院会计与财务管理系的大家庭。在本书出版之际，我要感谢学校为青年教师提供的卓越平台，感谢各位领导、同事给予我家庭般的温暖和帮助。

另外，我还想感谢中国经济出版社的牛慧珍老师在书稿完善过程中的诸多宝贵建议。感谢我的学生戴鹂萱在专著修改和校对中的热心帮助。

最后，特别感谢我的家人们，如果没有你们的支持和鼓励，一定不会有走到现在的我。

由于资历尚浅，书稿中可能存在诸多不足之处，恳请各位读者海涵。非常欢迎各位读者提出宝贵建议，在此深表感谢。

崔慧洁

2019 年 12 月 20 日